사우디아라비아 통치기본법

النظام الأساسي للحكم
في المملكة العربية السعودية

명지대학교중동문제연구소
중동국가헌법번역HK총서01

개정판

사우디아라비아
통치기본법

النظام الأساسي للحكم في المملكة العربية السعودية

명지대학교 중동문제연구소
معهد الدراسات لشؤون الشرق الأوسط

명지대학교 중동문제연구소 중동국가헌법번역HK총서01

사우디아라비아 통치기본법(개정판)

등록 1994.7.1 제1-1071
초판 발행 2013년 5월 31일
개정판 발행 2016년 5월 25일

기 획   명지대학교 중동문제연구소(www.imea.or.kr)
옮긴이   김종도 정상률 임병필 박현도
감 수   기현석
펴낸이   박길수
편집인   소경희
편 집   조영준
관 리   위현정
디자인   이주향
펴낸곳   도서출판 모시는사람들
         03147 서울시 종로구 삼일대로 457(경운동 수운회관) 1207호
전 화   02-735-7173, 02-737-7173 / 팩스 02-730-7173

인쇄   상지사P&B(031-955-3636)
배본   문화유통북스(031-937-6100)
홈페이지 http://www.mosinsaram.com/

값은 뒤표지에 있습니다.
ISBN 979-11-86502-49-5   93360
SET   979-11-86502-50-1   93360

이 도서의 국립중앙도서관 출판예정도서목록(CIP)은 서지정보유통지원시스템
홈페이지(http://seoji.nl.go.kr)와 국가자료공동목록시스템(http://www.nl.go.kr/
kolisnet)에서 이용하실 수 있습니다. (CIP제어번호 : 2016012839)

이 역서는 2010년 정부(교육과학기술부)의 재원으로 한국연구재단의 지원을 받아 수행된

연구임(NRF-2010-362-A00004)

머리말

　명지대학교 중동문제연구소는 2010년부터 10년 동안 한국연구재단의 인문한국지원사업 해외지역연구 사업을 수행하고 있습니다. "현대 중동의 사회변동과 호모이슬라미쿠스: 샤리아 연구와 중동학 토대구축"이란 대주제 하에 '종합지역 연구(아젠다), 종합지역정보시스템 구축, 지역전문가 및 학문 후속세대 양성, 국내외네트워크 형성 및 협력 강화, 사회적 서비스' 사업을 중점적으로 수행하고 있습니다. 이러한 사업의 일환으로 중동문제연구소에서는 현대 중동 국가들의 정체성을 가장 구체적이고 가장 명료하게 표현해 놓은 아랍어 헌법 원문을 우리 글로 번역 출판하는 작업을 하고 있습니다. 『사우디아라비아 통치기본법』(2013.5.31), 『쿠웨이트 헌법』(2014.4.30), 『아랍에미리트 헌법』(2014.6.30), 『카타르 헌법』(2015.4.30), 『오만 술탄국 기본법』(2015.5.31), 『바레인 헌법』(2016.1.30)을 번역 출판하였고, 이번에 『사우디아라비아 통치기본법』(2016.5.25)을 개정, 증보하여 출판하게 되었습니다.

　헌법에는 한 국가의 정치적 · 경제적 · 사회적 · 문화적 정체성과 그 안에 살고 있는 사람들의 삶의 양태가 가장 포괄적으로 규정되어 있고, 그 헌법 규정 하에서 살고 있는 사람들은 사후적으로도 법 생활뿐 아니라 정치·경제 생활에서도 공통의 정향성을 형성하기 때문에 헌법을 이해하는 것은 그 국가 이해의 초석이 될 것입니다.

『사우디아라비아 통치기본법』은 1992년 3월 1일 제정되었으며 총 9장 83조로 구성되어 있습니다. 제1장 총칙, 제2장 통치체제, 제3장 사우디 사회의 구성, 제4장 경제 원칙, 제5장 권리와 의무, 제6장 국가 권력기관, 제7장 재정, 제8장 감사기관, 제9장 일반 규칙을 총망라한 것으로 왕국의 근간을 보여주는 가장 중요한 법이라 하지 않을 수 없습니다.

중동문제연구소는 중동연구의 기반 구축 사업의 일환으로 중동 주요 국가들의 헌법을 아랍어 원문에 충실하게 번역하는 우리나라 최초의 연구소입니다. 무슨 일이나 '최초'라는 것은 개척자라는 의미도 있지만 용기와 두려움을 필요로 합니다. 아랍어문학, 정치학, 이슬람학 전공자들이 번역하고, 헌법학 전공 교수의 감수를 받았음에도 불구하고 세상에 내놓기에 두려움이 앞섭니다. 강의와 논문 작성 등 교수 본업을 충실히 하면서도 꾸준히 공동번역과 여러 차례 교정작업을 했고 헌법학자의 감수를 거쳤음에도 불구하고 아랍어 자체의 난해함과 언어문화나 언어구조가 우리와 다르고 단어의 다의미성으로 인해 독자 여러분이 읽기에 난해한 부분이 있을 것이고, 문맥상 오류도 발견될 것으로 보입니다. 독자들의 애정 어린 평가를 기대합니다.

『사우디아라비아 통치기본법』을 개정, 증보하여 출판할 수 있도록 재정지원을 해준 한국연구재단, 꼼꼼하게 재 교정과 증보 작업에 참여한 김종도 교수, 정상률 교수, 임병필 교수, 박현도 교수와 감수를 맡아 꼼꼼히 읽고 평가해 주신 명지대 법과대학의 기현석 교수님께 감사드립니다.

2016년 4월 30일
명지대학교 중동문제연구소장 이종화 배상

차례

사우디아라비아
통치기본법

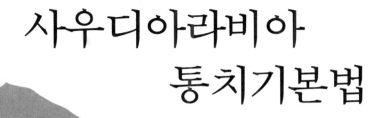

히즈라력 1412 통치기본법

번호: A/90

날짜: 히즈라력 1412년 8월 27일

지고하신 알라의 도우심으로

나 파흐드 빈 압둘아지즈 알 사우드

사우디아라비아 국왕은

공익의 요구에 따라, 본인이 실현하고자 노력 중인 목표에

대한 염원과 국가 제반 분야의 발전에 의거하여

다음과 같이 규정한다.

첫째, 여기에 첨부된 통치기본법을 공포한다.

둘째, 이 법이 진행되는 동안 모든 법률, 칙령, 결정은 이
법률에 맞게 개정될 때까지 계속 유효하다.

النظام الأساسي للحكم ١٤١٢هـ

الرقم : أ / ٩٠
التاريخ : ١٤١٢/٨/٢٧هـ

بعون الله تعالى

نحن فهد بن عبد العزيز آل سعود

ملك المملكة العربية السعودية

بناءً على ما تقتضيه المصلحة العامة، ونظراً لتطور الدولة في مختلف المجالات، ورغبة في تحقيق الأهداف التي نسعى إليها.

أمرنا بما هو آت :

أولاً — إصدار النظام الأساسي للحكم بالصيغة المرفقة بهذا.

ثانياً — يستمر العمل بكل الأنظمة والأوامر والقرارات المعمول بها عند نفاذ هذا النظام حتى تُعدل بما يتفق معه.

셋째, 이 법률은 관보에 게재하며 게재일로부터 효력을 발생한다.

제1장 총칙
제2장 통치체제
제3장 사우디 사회의 구성
제4장 경제 원칙
제5장 권리와 의무
제6장 국가 권력기관
제7장 재정
제8장 감사기관
제9장 일반 규칙

ثالثاً — يُنشر هذا النظام في الجريدة الرسمية ويُعمل به اعتباراً من تاريخ نشره ، ، ، ،

الباب الأول : المبادئ العامة

الباب الثاني : نظام الحكم

الباب الثالث : مقومات المجتمع السعودي

الباب الرابع : المبادئ الاقتصادية

الباب الخامس : الحقوق والواجبات

الباب السادس : سلطات الدولة

الباب السابع : الشؤون المالية

الباب الثامن : أجهزة الرقابة

الباب التاسع : أحكام عامة

관련 문서

번호: M/23

날짜: 히즈라력 1412년 8월 26일

지고하신 알라의 도우심으로

나 파흐드 빈 압둘아지즈 알 사우드

사우디아라비아 국왕은

공익이 요구하는 바에 따라 히즈라력 1377년 10월 22일 칙령 38번으로 공포된 각료회의법을 검토하고, 히즈라력 1412년 8월 26일 각료회의 결정 114번을 검토한 후 다음과 같이 규정한다.

첫째, 히즈라력 1377년 10월 22일 칙령 38번으로 공포된 각료회의법의 19조와 20조에 쓰인 법률은 다음의 법을 포함하지 않는다.

الوثائق ذات الصلة

الرقم : م / ٢٣

التاريخ : ١٤١٢/٨/٢٦هـ

بعون الله تعالى

نحن فهد بن عبد العزيز آل سعود

ملك المملكة العربية السعودية

بناء على ما تقتضيه المصلحة العامة.

وبعد الإطلاع على نظام مجلس الوزراء الصادر بالمرسوم الملكي رقم ٣٨ وتاريخ ١٣٧٧/١٠/٢٢هـ.

وبعد الإطلاع على قرار مجلس الوزراء رقم (١١٤) وتاريخ ١٤١٢/٨/٢٦هـ.

رسمنا بما هو آت :

أولا — إن كلمة (النظام) الواردة في المادتين التاسعة عشرة والعشرين من نظام مجلس الوزراء الصادر بالمرسوم الملكي رقم ٣٨ وتاريخ ١٣٧٧/١٠/٢٢هـ لا تشمل الأنظمة التالية :

- 통치기본법

- 슈라의회법

- 각료회의법

- 지역(주)법

둘째, 각료회의 부의장은 나의 이 칙령을 시행해야 한다.

히즈라력 1412년 8월 26일 의결 114번

각료회의는 국가기관의 조직, 통치기본법, 슈라의회법, 지역(주)법을 재검토하며, 왕명으로 이 법들을 기본적인 법률로 하라는 국왕의 지침에 의거하여 공익이 요구하는 바에 따라 다음과 같이 결정한다.

– النظام الأساسي للحكم

– نظام مجلس الشورى

– نظام مجلس الوزراء

– نظام المناطق (المقاطعات)

ثانيا — على سمو نائب رئيس مجلس الوزراء تنفيذ مرسومنا هذا،

قرار رقم ١١٤ وتاريخ ٢٦/٨/١٤١٢هـ

إن مجلس الوزراء بناءً على التوجيه الملكي الكريم بإعادة النظر في ترتيب جهاز الدولة وإصدار النظام الأساسي للحكم ونظام مجلس الشورى ونظام المناطق بأوامر ملكية باعتبارها أنظمة أساسية. وبناء على ما تقتضيه المصلحة العامة.

يقرر :

히즈라력 1377년 10월 22일 칙령 38번으로 공포된 각료회
의법의 19조와 20조에 쓰인 법률은 다음의 법을 포함하지
않는다.

- 통치기본법
- 슈라의회법
- 각료회의법
- 지역(주)법

여기에 첨부된 형태로 칙령 초안이 준비되었다.

각료회의 의장

إن كلمة «النظام» الواردة في المادتين التاسعة عشرة والعشرين من نظام مجلس الوزراء الصادر بالمرسوم الملكي رقم ٣٨ وتاريخ ٢٢/١٠/١٣٧٧هـ لا تشمل الأنظمة التالية :

– النظام الأساسي للحكم

– نظام مجلس الشورى

– نظام مجلس الوزراء

– نظام المناطق (المقاطعات)

وقد أُعد مشروع مرسوم ملكي بذلك صيغته مرفقة بهذا.

رئيس مجلس الوزراء

제1장
총칙

제1조

사우디아라비아왕국은 이슬람을 국교로 하는 아랍 이슬람 주권국가로서, 헌법은 지고하신 알라의 경전[1]과 그분의 사도의 순나[2]이다. 국어는 아랍어이며, 수도는 리야드이다.

제2조

이드 알피뜨르[3]와 이드 알아드하[4]는 국가의 두 명절이며, 국가의 역법은 히즈라력[5]이다.

الباب الأول
المبادئ العامة

(المادة الأولى)

المملكة العربية السعودية، دولة إسلامية، ذات سيادة تامة، دينها الإسلام، ودستورها كتاب الله تعالى وسنة رسوله صلى الله عليه وسلم. ولغتها هي اللغة العربية، وعاصمتها مدينة الرياض.

(المادة الثانية)

عيدا الدولة، هما عيدا الفطر والأضحى، وتقويمها، هو التقويم الهجري.

제3조

국기는 다음과 같다.

1. 국기의 색은 녹색이다.

2. 국기의 폭은 길이의 3분의 2이다.

3. 국기의 중앙에는 "알라 외에 신은 없고 무함마드는 알라의 사도이다"[6]라는 문구가 위치한다. 그 아래에는 (칼집에서) 뽑은 칼을 두며, 국기는 결코 뒤집지 않는다.

국기와 관련된 규정들은 법률로 정한다.

제4조

국가의 문장(紋章)은 교차된 두 자루 칼과 두 칼 사이 윗공간 중앙에 위치한 야자나무로 구성된다. 국가(國歌)[7]와 훈장(勳章)에 관한 사항은 법률로 정한다.

(المادة الثالثة)

يكون علم الدولة كما يلي :

١. لونه أخضر.

٢. عرضه يساوي ثلثي طوله.

٣. تتوسطه كلمة : (لا إله إلا الله محمد رسول الله) تحتها سيف مسلول، ولا ينكس العلم أبداً. ويبين النظام الأحكام المتعلقة به.

(المادة الرابعة)

شعار الدولة سيفان متقاطعان، ونخلة وسط فراغهما الأعلى، ويحدد النظام نشيد الدولة وأوسمتها.

제2장
통치체제

제5조

1. 사우디아라비아왕국의 통치체제는 군주제[8]이다.

2. 통치권은 왕국 설립자인 압둘아지즈 빈 알라흐만 알파이살 알 수우드의 아들들과 그들의 아들들에게로 계승된다. 그들 중 가장 의로운 자가 지고하신 알라의 경전과 그분의 사도의 순나에 따라 충성서약을 받는다.

3. 충성위원회법에 따라 국왕에 대한 충성서약을 위한 회의가 소집되고, (충성위원회에서) 왕위계승자가 선출된다.[9]

4. 왕위계승자는 계승자의 임무와 국왕이 그에게 부과하는 일에 전념한다.

الباب الثاني
نظام الحكم

(المادة الخامسة)

١ . نظام الحكم في المملكة العربية السعودية، ملكي.

٢ . يكون الحكم في أبناء الملك المؤسس عبد العزيز بن عبد الرحمن الفيصل آل سعود وأبناء الأبناء، ويبايع الأصلح منهم للحكم على كتاب الله تعالى وسنة رسوله صلى الله عليه وسلم.

٣ . تتم الدعوة لمبايعة الملك واختيار ولي العهد وفقا لنظام هيئة البيعة.

٤ . يكون ولي العهد متفرغا لولاية العهد، وما يكلفه به الملك من أعمال.

٥ . يتولى ولي العهد سلطات الملك عند وفاته حتى

5. 국왕 서거 시 왕위계승자는 충성서약을 받을 때까지 왕권을 행사한다.

제6조

국민들은 지고하신 알라의 경전과 그분의 사도의 순나에 따라 국왕에게 충성하고, 편할 때나 어려울 때나 행복할 때나 고통스러울 때나 복종하고 순종한다.

제7조

사우디아라비아왕국 정부의 권력은 지고하신 알라의 경전과 그분의 사도의 순나에서 나오고, 이 둘(경전과 순나)은 이 통치기본법과 국가의 모든 법률을 지배한다.

제8조

사우디아라비아왕국 정부는 이슬람 샤리아[10]에 따라 정의, 협의(協議), 평등 원칙에 바탕을 둔다.

تتم البيعة.

(المادة السادسة)

يبايع المواطنون الملك على كتاب الله تعالى، وسنة رسوله، وعلى السمع والطاعة في العسر واليسر والمنشط والمكره.

(المادة السابعة)

يستمد الحكم في المملكة العربية السعودية سلطته من كتاب الله تعالى، وسنة رسوله. وهما الحاكمان على هذا النظام وجميع أنظمة الدولة.

(المادة الثامنة)

يقوم الحكم في المملكة العربية السعودية على أساس العدل، والشورى، والمساواة، وفق الشريعة الإسلامية.

제3장
사우디 사회의 구성

제9조

가족은 사우디 사회의 핵심이다. 가족 구성원들은 이슬람 신앙, 알라의 사도, 통치자에 대한 충성과 복종, 법률과 법률 집행에 대한 존중, 애국, 국가와 위대한 역사에 대한 자긍심에 기초하여 양육되어야 한다.

제10조

국가는 가족 결속력을 강화하고, 아랍·이슬람 가치를 유지하며, 각 개개인을 배려하여 재능과 능력을 개발할 수 있는 적절한 환경을 제공한다.

الباب الثالث
مقومات المجتمع السعودي

(المادة التاسعة)

الأسرة، هي نواة المجتمع السعودي، ويربى أفرادها على أساس العقيدة الإسلامية، وما تقتضيه من الولاء والطاعة لله، ولرسوله، ولأولي الأمر، واحترام النظام وتنفيذه، وحب الوطن والاعتزاز به وبتاريخه المجيد.

(المادة العاشرة)

تحرص الدولة على توثيق أواصر الأسرة، والحفاظ على قيمها العربية والإسلامية، ورعاية جميع أفرادها، وتوفير الظروف المناسبة لتنمية ملكاتهم وقدراتهم.

제11조

사우디아라비아 사회는 사회 구성원들이 연대하여 알라의 줄에 의지하고, 상부상조하며, 경건하게 선행을 행하고, 분열하지 않는 것을 원칙으로 삼는다.

제12조

국가는 통일성 강화를 의무로 삼고 분열, 혼란, 분리를 초래하는 일체의 것을 금지한다.

제13조

교육[11]의 목적은 젊은 세대에 이슬람 신앙을 심어주고, 지식과 기술을 전수하며, 사회에 유익한 구성원이 되도록 하고, 조국을 사랑하며 조국의 역사를 자랑스럽게 여기도록 만드는 것이다.

(المادة الحادية عشرة)
يقوم المجتمع السعودي على أساس من اعتصام أفراده بحبل الله، وتعاونهم على البر والتقوى، والتكافل فيما بينهم، وعدم تفرقهم.

(المادة الثانية عشرة)
تعزيز الوحدة الوطنية واجب، وتمنع الدولة كل ما يؤدي للفرقة والفتنة والانقسام.

(المادة الثالثة عشرة)
يهدف التعليم إلى غرس العقيدة الإسلامية في نفوس النشء، وإكسابهم المعارف والمهارات، وتهيئتهم ليكونوا أعضاء نافعين في بناء مجتمعهم، محبين لوطنهم، معتزين بتاريخه.

제4장
경제 원칙

제14조

지하나 지표면 또는 영내 수역, 국가 통제 하의 육지나 영해에 있는, 알라께서 부여하신 모든 부와 이에 따른 수입은 법률이 정하는 바에 따라 국가 소유이다. 법률은 국익, 국가의 안보와 경제를 위해 그러한 부를 개발하고 보호하며 발전시킬 방법을 규정한다.

제15조

법률에 의하지 아니하고는 어떠한 공공자원의 개발도 허용되지 않으며, 어떠한 특권도 부여되지 않는다.

الباب الرابع
المبادئ الاقتصادية

(المادة الرابعة عشرة)

جميع الثروات التي أودعها الله في باطن الأرض أو في ظاهرها أو في المياه الإقليمية أو في النطاق البري والبحري الذي يمتد إليه اختصاص الدولة، وجميع موارد تلك الثروات، ملك للدولة. وفقا لما يبينه النظام. ويبين النظام وسائل استغلال هذه الثروات وحمايتها وتنميتها لما فيه مصلحة الدولة وأمنها واقتصادها.

(المادة الخامسة عشرة)

لا يجوز منح امتياز أو استثمار مورد من موارد البلاد العامة إلا بموجب نظام.

제16조

공공 재화는 신성한 영역으로써, 국가는 이를 보호할 책임을 지며, 국민과 거주민은 이를 보존해야 한다.

제17조

소유권, 자본, 노동은 왕국의 경제적·사회적 생존에 필요한 근본 요소이다. 이는 개인의 권리로써, 이슬람 샤리아에 따라 사회적 기능을 이행한다.

제18조

국가는 사유재산의 자유와 그 신성함을 보호한다. 공익을 위할 때를 제외하고서는 누구로부터도 사유재산을 빼앗을 수 없다. 사유재산을 수용할 경우에는 공정한 보상이 이루어져야 한다.

(المادة السادسة عشرة)
للأموال العامة حرمتها، وعلى الدولة حمايتها، وعلى المواطنين والمقيمين المحافظة عليها.

(المادة السابعة عشرة)
الملكية ورأس المال، والعمل، مقومات أساسية في الكيان الاقتصادي والاجتماعي للمملكة. وهي حقوق خاصة تؤدي وظيفة اجتماعية، وفق الشريعة الإسلامية.

(المادة الثامنة عشرة)
تكفل الدولة حرية الملكية الخاصة وحرمتها، ولا ينزع من أحد ملكه إلا للمصلحة العامة على أن يُعوض المالك تعويضا عادلا.

제19조

재화의 공적 몰수는 금지된다. 법원의 판결에 의하지 않은 사적 몰수는 금지된다.

제20조

각종 조세와 부담금은 필요한 경우에 한하여 공정성에 기초하여 부과된다. 조세와 부담금의 부과, 변경, 철회, 면제는 법률에 의하지 아니하고는 허용되지 않는다.

제21조

(국가는) 종교 구빈세(救貧稅)[12]를 징수하여 샤리아에 맞게 사용한다.

제22조

(국가는) 과학적이고 공정한 계획에 따라 경제와 사회 발전을 실현한다.

(المادة التاسعة عشرة)
تحظر المصادرة العامة للأموال، ولا تكون عقوبة المصادرة الخاصة إلا بحكم قضائي.

(المادة العشرون)
لا تفرض الضرائب والرسوم إلا عند الحاجة، وعلى أساس من العدل، ولا يجوز فرضها، أو تعديلها، أو إلغائها، أو الإعفاء منها إلا بموجب النظام.

(المادة الحادية والعشرون)
تجبى الزكاة وتنفق في مصارفها الشرعية.

(المادة الثانية والعشرون)
يتم تحقيق التنمية الاقتصادية والاجتماعية وفق خطة علمية عادلة.

제5장
권리와 의무

제23조

국가는 이슬람 신앙을 보호하고 샤리아를 실행하며, 국민들에게 선행을 행하고 악행을 금하도록 명하며, 알라께로 초대할 의무가 있다.

제24조

국가는 고귀한 두 성지[13]를 정비하고 관리한다. 순례자들이 편안하고 안정적으로 대순례[14]와 소순례[15]를 행할 수 있도록 안전을 보장하고 배려한다.

الباب الخامس
الحقوق والواجبات

(المادة الثالثة والعشرون)
تحمي الدولة عقيدة الإسلام، وتطبق شريعته، وتأمر بالمعروف وتنهى عن المنكر، وتقوم بواجب الدعوة إلى الله.

(المادة الرابعة والعشرون)
تقوم الدولة بإعمار الحرمين الشريفين وخدمتهما، وتوفر الأمن والرعاية لقاصديهما، بما يمكن من أداء الحج والعمرة والزيارة بيسر وطمأنينة.

제25조

국가는 상호 연대와 일치로 아랍공동체와 이슬람공동체의 희망을 실현시키고 우방과 관계를 강화하도록 노력해야 한다.

제26조

국가는 이슬람 샤리아에 따라 인권을 보호한다.

제27조

국가는 긴급 상황이 발생하거나, 국민이 질병을 앓거나, 신체적 불구가 되거나, 연로할 경우 국민과 그 가족의 권리를 보장하고, 사회보장제도를 지원하며, 단체와 개인이 자선사업에 기여하도록 독려한다.

제28조

국가는 노동을 할 수 있는 사람 누구에게나 직장을 가질

(المادة الخامسة والعشرون)
تحرص الدولة على تحقيق آمال الأمة العربية والإسلامية في التضامن وتوحيد الكلمة، وعلى تقوية علاقاتها بالدول الصديقة.

(المادة السادسة والعشرون)
تحمي الدولة حقوق الإنسان، وفق الشريعة الإسلامية.

(المادة السابعة والعشرون)
تكفل الدولة حق المواطن وأسرته، في حالة الطوارئ، والمرض، والعجز، والشيخوخة، وتدعم نظام الضمان الاجتماعي، وتشجع المؤسسات والأفراد على الإسهام في الأعمال الخيرية.

(المادة الثامنة والعشرون)
تيسر الدولة مجالات العمل لكل قادر عليه، وتسن

기회를 제공하고, 피고용자와 고용주를 보호하는 법률을
제정한다.

제29조

국가는 과학, 문학, 문화를 후원하고 과학 연구를 장려하
는데 노력을 기울이며, 이슬람 유산과 아랍 유산을 보호하
고, 아랍 · 이슬람 · 인류 문명에 기여한다.

제30조

국가는 공교육을 제공하고 문맹 퇴치에 전력해야 한다.[16]

제31조

국가는 공공보건에 노력을 기울이고 전 국민의 건강을 보
살피는데 힘써야 한다.

الأنظمة التي تحمي العامل وصاحب العمل.

(المادة التاسعة والعشرون)
ترعى الدولة العلوم والآداب والثقافة، وتعنى بتشجيع
البحث العلمي، وتصون التراث الإسلامي والعربي،
وتسهم في الحضارة العربية والإسلامية والإنسانية.

(المادة الثلاثون)
توفر الدولة التعليم العام، وتلتزم بمكافحة الأمية.

(المادة الحادية والثلاثون)
تعنى الدولة بالصحة العامة، وتوفر الرعاية الصحية
لكل مواطن.

제32조

국가는 환경 보존, 보호, 개선과 오염 방지에 노력해야 한다.

제33조

국가는 이슬람 신앙, 두 성지, 사회, 조국을 수호하기 위해 군대를 창설하고 무장해야 한다.[17]

제34조

이슬람 신앙, 사회, 조국을 방어하는 것은 모든 국민의 의무이고, 병역에 관한 규정은 법률로 정한다.[18]

제35조

사우디아라비아 국적에 관한 규정은 법률로 정한다.

(المادة الثانية والثلاثون)
تعمل الدولة على المحافظة على البيئة وحمايتها وتطويرها
ومنع التلوث عنها.

(المادة الثالثة والثلاثون)
تنشئ الدولة القوات المسلحة، وتجهزها من أجل الدفاع
عن العقيدة، والحرمين الشريفين، والمجتمع، والوطن.

(المادة الرابعة والثلاثون)
الدفاع عن العقيدة الإسلامية، والمجتمع، والوطن على
كل مواطن، ويُبين النظام أحكام الخدمة العسكرية.

(المادة الخامسة والثلاثون)
يبين النظام أحكام الجنسية العربية السعودية.

제36조

국가는 영토 내 전 국민과 전 거주민들의 안전을 보장하고, 법률로 규정된 경우를 제외하고는 그 누구도 행위의 제한을 받지 않으며, 체포되거나 구금되지 않는다.

제37조

주거지는 불가침이고, 법률로 정한 경우를 제외하고는 주인의 허가 없이 침입하거나 수색할 수 없다.

제38조

처벌은 개인적이며, 샤리아 또는 법률에 의하지 아니하고는 어떠한 범죄나 처벌도 성립되지 않고, 소급하여 처벌할 수 없다.

제39조

언론, 출판, 기타 모든 표현 매체들은 정중한 용어를 사용

(المادة السادسة والثلاثون)

توفر الدولة الأمن لجميع مواطنيها والمقيمين على إقليمها، ولا يجوز تقييد تصرفات أحد، أو توقيفه، أو حبسه، إلا بموجب أحكام النظام.

(المادة السابعة والثلاثون)

للمساكن حرمتها، ولا يجوز دخولها بغير إذن صاحبها، ولا تفتيشها، إلا في الحالات التي يبينها النظام.

(المادة الثامنة والثلاثون)

العقوبة شخصية، ولا جريمة ولا عقوبة إلا بناء على نص شرعي، أو نص نظامي، ولا عقاب إلا على الأعمال اللاحقة للعمل بالنص النظامي.

(المادة التاسعة والثلاثون)

تلتزم وسائل الإعلام والنشر وجميع وسائل التعبير

하고, 국법을 준수하며, 국민 교양과 국민 통합에 기여한다. 혼란과 분열을 초래하고, 국가안보와 공공의 관계를 저해하거나 인간의 존엄성과 권리를 침해하는 행위는 일절 금지된다. 이와 관련된 내용은 법률로 정한다.

제40조

전신, 우편, 전화 및 기타 통신수단들은 보호를 받으며, 법률로 규정된 경우를 제외하고서는 몰수, 지연, 검열, 도청이 허용되지 않는다.

제41조

사우디아라비아왕국 내 거주민들은 법률을 준수하고, 사우디 사회의 가치를 따르며, 전통과 정서를 존중하여야 한다.

بالكلمة الطيبة، وبأنظمة الدولة، وتسهم في تثقيف الأمة ودعم وحدتها، ويحظر ما يؤدي إلى الفتنة، أو الانقسام، أو يمس بأمن الدولة وعلاقاتها العامة، أو يسيء إلى كرامة الإنسان وحقوقه، وتبين الأنظمة كيفية ذلك.

(المادة الأربعون)
المراسلات البرقية، والبريدية، والمخابرات الهاتفية، وغيرها من وسائل الاتصال، مصونة، ولا يجوز مصادرتها، أو تأخيرها، أو الإطلاع عليها، أو الاستماع إليها، إلا في الحالات التي يبينها النظام.

(المادة الحادية والأربعون)
يلتزم المقيمون في المملكة العربية السعودية بأنظمتها، وعليهم مراعاة قيم المجتمع السعودي واحترام تقاليده ومشاعره.

제42조

국가는 공익에 부합할 경우 정치적 망명 권리를 허용한다.
일반 범죄인 인도 조치와 관련된 규정과 절차는 법률과 국
제협정으로 정한다.

제43조

국왕회의와 왕세자회의는 모든 국민, 탄원 및 청원을 하려
는 모든 사람들에게 열려 있다. 모든 개인은 자신과 관련
된 문제에 대해 당국과 논의할 수 있는 권리를 가진다.

(المادة الثانية والأربعون)

تمنح الدولة حق اللجوء السياسي إذا اقتضت المصلحة العامة ذلك، وتحدد الأنظمة والاتفاقيات الدولية قواعد وإجراءات تسليم المجرمين العاديين.

(المادة الثالثة والأربعون)

مجلس الملك ومجلس ولي العهد، مفتوحان لكل مواطن، ولكل من له شكوى أو مظلمة، ومن حق كل فرد مخاطبة السلطات العامة فيما يعرض له من الشؤون.

제6장
국가 권력기관

제44조

국가 권력기관은 다음과 같이 구성된다.

- 사법부

- 행정부

- 입법부

이들 기관들은 임무 수행 시 이 통치기본법과 기타 법률에 따라 상호협력하며, 국왕은 이들 기관들의 최고 조정자이다.

제45조

사우디아라비아왕국의 파트와[19] 원천은 알라의 경전과 사

الالباب السادس
سلطات الدولة

(المادة الرابعة والأربعون)

تتكون السلطات في الدولة من :

– السلطة القضائية

– السلطة التنفيذية

– السلطة التنظيمية

وتتعاون هذه السلطات في أداء وظائفها، وفقا لهذا النظام وغيره من الأنظمة، والملك هو مرجع هذه السلطات.

(المادة الخامسة والأربعون)

مصدر الإفتاء في المملكة العربية السعودية، كتاب الله

도의 순나이다. 고위 울라마[20] 조직의 구성, 학문적 연구 행정과 파트와 공표, 권한은 법률로 정한다.

제46조

사법부[21]는 독립된 기구이고, 이슬람 샤리아의 권위를 제외하고는 어떠한 것도 법관의 판결에 영향력을 미칠 수 없다.

제47조

소송할 권리는 왕국 내의 국민과 거주민 모두에게 동등하게 보장되며, 이에 필요한 절차는 법률로 정한다.

제48조

법원에 제기된 소송에 대하여 법원은 경전과 순나에 따라, 경전과 순나를 거스르지 않는 통치자가 공포한 법률에 따라 이슬람 샤리아 원칙을 적용한다.

تعالى، وسنة رسوله صلى الله عليه وسلم، ويبين النظام ترتيب هيئة كبار العلماء وإدارة البحوث العلمية والإفتاء واختصاصاتها.

(المادة السادسة والأربعون)
القضاء سلطة مستقلة، ولا سلطان على القضاة في قضائهم لغير سلطان الشريعة الإسلامية.

(المادة السابعة والأربعون)
حق التقاضي مكفول بالتساوي للمواطنين والمقيمين في المملكة، ويبين النظام الإجراءات اللازمة لذلك.

(المادة الثامنة والأربعون)
تطبق المحاكم على القضايا المعروضة أمامها أحكام الشريعة الإسلامية، وفقا لما دل عليه الكتاب والسنة، وما يصدره ولي الأمر من أنظمة لا تتعارض مع الكتاب والسنة.

제49조

법원은 이 통치기본법 제53조에 따라 모든 분쟁과 범죄에 대해 판결한다.

제50조

국왕 또는 국왕 대리인은 사법 판결을 집행한다.

제51조

최고사법위원회의 구성과 역할[22], 법원의 조직과 역할[23]은 법률로 정한다.

제52조

국왕은 최고사법위원회의 제안과 법률이 정하는 바에 따라 왕령으로 법관을 임면한다.

(المادة التاسعة والأربعون)

مع مراعاة ما ورد في المادة الثالثة والخمسين من هذا النظام، تختص المحاكم في الفصل في جميع المنازعات والجرائم.

(المادة الخمسون)

الملك أو من ينيبه معنيون بتنفيذ الأحكام القضائية.

(المادة الحادية والخمسون)

يبين النظام تكوين المجلس الأعلى للقضاء واختصاصاته، كما يبين ترتيب المحاكم واختصاصاتها.

(المادة الثانية والخمسون)

يتم تعيين القضاة وإنهاء خدمتهم بأمر ملكي، بناء على اقتراح من المجلس الأعلى للقضاء، وفقا لما يبينه النظام.

제53조

최고행정법원의 역할과 구성[24]은 법률로 정한다.

제54조

수사국과 검찰 간의 관계와 그것의 조직 및 역할은 법률로 정한다.

제55조

국왕은 이슬람 규범에 따라 샤리아적 국가 정책을 수행하고, 이슬람 샤리아와 법률의 적용, 국가 공공정책, 국가의 보호와 방위를 감독한다.

제56조

국왕은 국무회의[25] 의장으로서 통치기본법과 여타 법률에 의거하여 국무위원들의 조력을 받아 임무를 수행한다. 국

(المادة الثالثة والخمسون)

يبين النظام ترتيب ديوان المظالم واختصاصاته.

(المادة الرابعة والخمسون)

يبين النظام ارتباط هيئة التحقيق والادعاء العام، وتنظيمها واختصاصاتها.

(المادة الخامسة والخمسون)

يقوم الملك بسياسة الأمة سياسة شرعية طبقا لأحكام الإسلام، ويشرف على تطبيق الشريعة الإسلامية، والأنظمة، والسياسة العامة للدولة، وحماية البلاد والدفاع عنها.

(المادة السادسة والخمسون)

الملك هو رئيس مجلس الوزراء، ويعاونه في أداء مهامه أعضاء مجلس الوزراء، وذلك وفقا لأحكام هذا النظام

내·외 문제와 관련한 국무회의 권한, 정부기구의 조직, 기관들 간의 조정에 관한 사항은 국무회의법으로 정한다. 또한 국무위원들이 갖추어야 할 필수 요건과 그들의 권한, 청문 방식, 그들에 관한 모든 사항은 국무회의법으로 정한다. 국무회의와 그 역할에 관한 법률은 통치기본법에 의거하여 개정된다.

제57조

1. 국왕은 국무회의 부의장과 국무위원을 왕령으로 임면한다.

2. 국무회의 부의장과 국무위원은 국왕 앞에서 이슬람 샤리아, 법률, 국가 공공정책의 시행에 대하여 연대책임을 진다.

3. 국왕에게는 국무회의의 해산과 재구성 권한이 있다.

وغيره من الأنظمة، ويبين نظام مجلس الوزراء صلاحيات المجلس فيما يتعلق بالشؤون الداخلية والخارجية، وتنظيم الأجهزة الحكومية، والتنسيق بينها، كما يبين الشروط اللازم توافرها في الوزراء، وصلاحياتهم، وأسلوب مساءلتهم، وكافة شؤونهم، ويعدل نظام مجلس الوزراء واختصاصاته، وفقا لهذا النظام.

(المادة السابعة والخمسون)

١. يعين الملك نواب رئيس مجلس الوزراء والوزراء الأعضاء بمجلس الوزراء، ويعفيهم بأمر ملكي.

٢. يعتبر نواب رئيس الوزراء، والوزراء الأعضاء بمجلس الوزراء، مسئولين بالتضامن أمام الملك عن تطبيق الشريعة الإسلامية، والأنظمة، والسياسة العامة للدولو.

٣. للملك حل مجلس الوزراء وإعادة تكوينه.

제58조

국왕은 법률에 따라 국왕 칙령으로 장관, 차관, 고위급 인사를 임면한다. 장관과 독립기관의 장들은 국무회의 의장에게 자신이 담당하는 부처에 대한 책임을 진다.

제59조

봉급, 포상, 보상, 특전, 연금을 포함한 공무원의 복무규정은 법률로 정한다.

제60조

국왕은 모든 군대의 최고사령관이며, 법률에 따라 장교를 임면한다.

(المادة الثامنة والخمسون)

يعين الملك من في مرتبة الوزراء ونواب الوزراء، ومن في المرتبة الممتازة، ويعفيهم من مناصبهم بأمر ملكي، وذلك وفقا لما يبينه النظام. ويعتبر الوزراء ورؤساء المصالح المستقلة، مسؤولين أما رئيس مجلس الوزراء عن الوزارات والمصالح التي يرأسونها.

(المادة التاسعة والخمسون)

يبين النظام أحكام الخدمة المدنية، بما في ذلك المرتبات، والمكافآت، والتعويضات، والمزايا، والمعاشات التقاعدية.

(المادة الستون)

الملك هو القائد الأعلى لكافة القوات العسكرية، وهو الذي يعين الضباط، وينهي خدماتهم، وفقا للنظام.

제61조

국왕은 긴급조치, 총동원령, 전쟁을 선포한다. 이에 대한
규정은 법률로 정한다.

제62조

왕국의 안녕, 영토 통합, 국민의 안전과 복리, 국가기관의
기능을 위협하는 상황이 발생할 경우, 국왕은 이러한 위험
에 대응하기 위하여 신속한 조치를 취할 수 있다. 만일 국
왕이 이러한 조치가 지속되어야 한다고 판단한다면 이를
위해 법률에 따라 필요한 조치를 취할 수 있다.

제63조

국왕은 타국의 국왕 및 원수를 접견하고, 타국에 보낼 대
표를 임명하며, 타국 대표들로부터 신임장을 제정 받는다.

(المادة الحادية والستون)
يعلن الملك حالة الطوارئ، والتعبئة العامة، والحرب،
ويبين النظام أحكام ذلك.

(المادة الثانية والستون)
للملك إذا نشأ خطر يهدد سلامة المملكة، أو وحدة
أراضيها، أو أمن شعبها ومصالحه، أو يعوق مؤسسات
الدولة عن أداء مهامها، أن يتخذ من الإجراءات
السريعة ما يكفل مواجهة هذا الخطر. وإذا رأى الملك
أن يكون لهذه الإجراءات صفة الاستمرار فيتخذ
بشأنها ما يلزم نظاما.

(المادة الثالثة والستون)
يستقبل الملك، ملوك الدول ورؤساءها، ويعين ممثليه
لدى الدول، اعتماد ممثلي الدول لديه.

제64조

국왕은 법률에 명시된 바에 따라 훈장을 수여한다.

제65조

국왕은 왕령에 따라 왕세자[26]에게 왕권 일부를 위임할 수 있다.

제66조

국왕의 외국 방문 시, 왕위 계승자는 국왕을 대신하여 국정 수행과 국민 이익을 보호하기 위한 왕령을 선포하며, 이를 왕령에 명백히 밝힌다.

제67조

입법부[27]는 이슬람 샤리아에 따라 국익을 실현하고, 국무상 해악을 제거하기 위하여 법률과 규칙을 입안한다. 입법부는 통치기본법, 국무회의법, 슈라의회법에 의거하여 권

(المادة الرابعة والستون)
يمنح الملك الأوسمة، وذلك على الوجه المبين بالنظام.

(المادة الخامسة والستون)
للملك تفويض بعض الصلاحيات لولي العهد بأمر ملكي.

(المادة السادسة والستون)
يصدر الملك في حالة سفره إلى خارج المملكة أمرا ملكيا بإنابة ولي العهد في إدارة شؤون الدولة، ورعاية مصالح الشعب، وذلك على الوجه المبين بالأمر الملكي.

(المادة السابعة والستون)
تختص السلطة التنظيمية بوضع الأنظمة واللوائح، فيما يحقق المصلحة، أو يرفع المفسدة في شؤون الدولة، وفقا لقواعد الشريعة الإسلامية، وتمارس اختصاصاتها وفقا

한을 행사한다.

제68조

슈라의회[28]가 설립되며, 슈라의회법은 그것의 구성 방법, 권한 행사와 위원 선출에 관한 세부 사항을 규정한다. 국왕은 슈라의회를 해산하고 재구성할 수 있다.

제69조

국왕은 슈라의회와 국무회의의 공동 회의를 소집할 수 있다. 국왕은 필요한 문제를 논의하기 위해 필요하다고 생각되는 사람들을 이 공동 회의에 소집할 수 있다.

제70조

법률, 국제협정, 국제조약, 특권은 왕령에 따라 공표되고 개정된다.

لهذا النظام ونظامي مجلس الوزراء ومجلس الشورى.

(المادة الثامنة والستون)
ينشأ مجلس للشورى، ويبين نظامه طريقة تكوينه،
وكيفية ممارسته لاختصاصاته، واختيار أعضائه.
وللملك حل مجلس الشورى وإعادة تكوينه.

(المادة التاسعة والستون)
للملك أن يدعو مجلس الشورى، ومجلس الوزراء، إلى
اجتماع مشترك، وله أن يدعو من يراه لحضور هذا
الاجتماع لمناقشة ما يراه من أمور.

(المادة السبعون)
تصدر الأنظمة، والمعاهدات، والاتفاقيات الدولية،
والامتيازات، ويتم تعديلها بموجب مراسيم ملكية.

제71조

법률은 관보에 공시되고, 특정한 날짜가 명시되지 않는 한 공시일로부터 효력이 발생한다.

(المادة الحادية والسبعون)

تنشر الأنظمة في الجريدة الرسمية، وتكون نافذة المفعول من تاريخ نشرها، ما لم ينص على تاريخ آخر.

제7장
재정

제72조

1. 국가 세입 및 세입의 국고 이관에 관한 규정은 법률로 정한다.

2. 국가 세입은 법률에 규정된 원칙에 따라 기록하고 지출한다.

제73조

국고로부터의 지출은 예산 규정에 의거하지 않는 한 허용되지 않는다. 만일 예산 조항에 편성되지 않은 지출 요구가 발생한다면, 왕령에 의거하여 지출되어야 한다.

الباب السابع
الشؤون المالية

(المادة الثانية والسبعون)

أ — يبين النظام أحكام إيرادات الدولة، وتسليمها إلى الخزانة العامة للدولة.

ب — يجري قيد الإيرادات وصرفها بموجب الأصول المقررة نظاما.

(المادة الثالثة والسبعون)

لا يجوز الالتزام بدفع مال من الخزانة العامة إلا بمقتضى أحكام الميزانية، فإن لم تتسع له بنود الميزانية وجب أن يكون بموجب مرسوم ملكي.

제74조

국유재산의 매각, 임대, 처분은 법률에 의거하지 아니하고
는 불가능하다.

제75조

통화[29], 은행, 표준, 척도, 중량에 관한 규정은 법률로 정한
다.

제76조

국가 회계연도[30]는 법률로 정한다. 예산은 왕령으로 공포
되며, 세입 세출 평가액은 최소한 차기 회계연도 개시 1개
월 전까지 정해야 한다. 새로운 회계연도 개시 전에 불가
피한 이유로 예산안을 발표할 수 없을 경우에는 새로운 예
산이 나오기 전까지 전년도 예산에 준하여 집행한다.

(المادة الرابعة والسبعون)
لا يجوز بيع أموال الدولة، أو إيجارها، أو التصرف فيها، إلا بموجب النظام.

(المادة الخامسة والسبعون)
تبين الأنظمة أحكام النقد، والمصارف، والمقاييس، والمكاييل، والموازين.

(المادة السادسة والسبعون)
يحدد النظام السنة المالية للدولة، وتصدر الميزانية بموجب مرسوم ملكي، وتشتمل على تقدير الإيرادات والمصروفات لتلك السنة، وذلك قبل بدء السنة المالية بشهر على الأقل، فإذا حالت أسباب اضطرارية دون صدورها وحلت السنة المالية الجديدة، وجب السير على ميزانية السنة السابقة حتى صدور الميزانية الجديدة.

제77조

주무 기관은 전년도 최종 재정 결산안을 작성하여 국무회
의 의장에게 제출하여야 한다.

제78조

공공의 성격을 지닌 법인의 예산과 결산은 국가 예산과 결
산에 준하여 집행된다.

(المادة السابعة والسبعون)
تعد الجهة المختصة الحساب الختامي للدولة عن العام المالي المنقضي، وترفعه إلى رئيس مجلس الوزراء.

(المادة الثامنة والسبعون)
يجري على ميزانيات الأجهزة ذوات الشخصية المعنوية العامة، وحساباتها الختامية، ما يجري على ميزانية الدولة وحسابها الختامي من أحكام.

제8장
감사기관

제79조

국가의 모든 세입과 세출, 동산과 부동산의 적절한 사용과 관리에 대한 감사를 수행하며, 이에 관한 연례 감사보고서를 국무회의 의장에게 제출한다. 이와 관련된 감사기관의 의무와 권한은 법률로 정한다.

제80조

정부기관은 적절하게 행정을 처리하고 법률을 적용했는지에 대하여 감사를 받는다. 재정적 · 행정적 위반에 대한 조

الباب الثامن
أجهزة الرقابة

(المادة التاسعة والسبعون)

تتم الرقابة اللاحقة على جميع إيرادات الدولة ومصروفاتها، والرقابة على كافة أموال الدولة المنقولة والثابتة، ويتم التأكد من حسن استعمال هذه الأموال والمحافظة عليها، ورفع تقرير سنوي عن ذلك إلى رئيس مجلس الوزراء. ويبين النظام جهاز الرقابة المختص بذلك وارتباطه، واختصاصه.

(المادة الثمانون)

تتم مراقبة الأجهزة الحكومية، والتأكد من حسن الأداء الإداري، وتطبيق الأنظمة. ويتم التحقيق في

사가 이루어지며, 연례보고서가 국무회의 의장에게 제출된다. 관련 기관의 의무와 권한은 법률로 정한다.

المخالفات المالية والإدارية، ويرفع تقرير سنوي عن ذلك إلى رئيس مجلس الوزراء. ويبين النظام الجهاز المختص بذلك، وارتباطه، واختصاصه.

제9장
일반 규칙

제81조

이 통치기본법의 적용은 사우디아라비아왕국이 외국, 국제기구, 국제조직과 맺은 조약과 협정을 위배할 수 없다.

제82조

전시, 비상사태 선포 시에 일시적인 경우를 제외하고는 어떠한 상황에서도 이 통치기본법의 조항을 무효화할 수 없다. 이러한 일시적인 무효화도 법률에 의거해야 하며, 통치기본법 제7조의 내용을 위배할 수 없다.

الباب التاسع
أحكام عامة

(المادة الحادية والثمانون)
لا يخل تطبيق هذا النظام بما ارتبطت به المملكة العربية السعودية من الدول والهيئات والمنظمات الدولية من معاهدات واتفاقيات.

(المادة الثانية والثمانون)
مع عدم الإخلال بما ورد في المادة السابعة من هذا النظام، لا يجوز بأي حال من الأحوال تعطيل حكم من أحكام هذا النظام، إلا أن يكون ذلك مؤقتا في زمن الحرب، أو في أثناء إعلان حالة الطوارئ. وعلى الوجه المبين بالنظام.

제83조

이 법률은 공포된 것과 같은 방식으로 개정될 수 있다.

(المادة الثالثة والثمانون)
لا يجري تعديل هذا النظام إلا بنفس الطريقة التي تم
بها إصداره.

주석

사우디아라비아 통치기본법

1 '키탑 알라(Kitāb Allah)'의 번역어. 이슬람교의 경전 코란을 의미한다.

2 순나(sunnah)는 이슬람교 이전 아랍사회에서 조상들이 해 온 전통을 뜻하였다. 이슬람교 이후에는 예언자가 한 말, 행동 등 예언자 전통을 의미한다. 이러한 순나를 기록한 것이 하디스이다. 사우디아라비아의 경우 순니 국가이기에 순니 전통에서 인정하는 하디스 6서를 따른다.

3 1년이 354일인 이슬람력으로 10월 1일. 무슬림들은 이슬람력 9월(라마단월) 한 달 동안 해가 뜰 때부터 해가 질 때까지 단식을 하고, 라마단월이 끝나면 음식과 선물을 서로 나누는데 이러한 축제를 아랍어로 이드 알피뜨르('Īd al-Fiṭr)라고 한다. 한문으로는 파재절(破齋節)이라고 하는데, 중국 무슬림들은 개재절(開齋節)이라고 한다.

4 이슬람력 12월은 메카 순례의 달이다. 이슬람교에 따르면, 알라는 이브라힘(아브라함)의 믿음을 시험하고자, 아들 이스마일(이스마엘)을 바치라고 하였고, 이에 말없이 이브라힘이 따르려는 굳은 믿음을 보고 아들을 희생시키기 직전 이브라힘을 제지하였다고 한다. 무슬림들은 메카순례기간 중인 12월 10일에 이를 기념하여 소, 양 등 가축을 알라의 이름으로 도살한 후 이를 이웃과 나눈다. 순례에 참가한 사람뿐 아니라 참가하지 못한 사람들도 각자 자신이 사는 곳에서 행한다. 이를 아랍어로 이드 알아드하('Īd al-Aḍhā)라고 한다. 아드하는 희생을 의미한다. 희생절(犧牲節)이라고 번역할 수 있는데, 중국 무슬림들은 이 날을 재생절(宰牲節)로 부르고 기념한다. 알라의 말씀을 충실하게 따른 이브라힘의 충심 어린 신앙, 아버지 이브라힘의 뜻을 따른 이스마일의 효심을 기려 충효절(忠孝節)이라고도 한다.

5 히즈라(hijrah)는 아랍어로 이주(移住)를 의미한다. 이슬람의 예언자 무함마드
는 고향 메카 사람들이 자신이 선포한 이슬람 신앙을 받아들이지 않고 박해하자
622년 메카에서 북쪽으로 약 400킬로미터 떨어진 메디나로 이주하였는데, 이
사건을 히즈라라고 한다. 이슬람력은 622년을 원년으로 삼는데, 달의 공전주기
인 354일을 1년으로 하는 태음력이다. 태음력이기에 태양력과 1년에 11일의 차
이가 나지만 윤일을 사용하지 않기에 순태음력(純太陰曆)이다. 이렇게 622년을
기점으로 순태음력인 이슬람력을 히즈라력이라고 부른다. 2016년은 1437년이
고 2016년 10월 3일에 히즈라력 1438년 1월 1일이 시작한다.

6 아랍어로 샤하다(shahādah)라고 하는 이슬람교의 신앙증언이다. 이슬람교를 받
아들이겠다는 진정한 의도를 지니고 이 두 문장을 말하면 무슬림이 된다.

7 1947년 압드 알라흐만 알카팁('Abd al-Raḥmān al-Khaṭīb)이 만든 곡을 1950
년 공식국가로 채택하였다. 원래 가사가 없던 곡에 1984년 이브라힘 카파지
(Ibrāhīm Khafājī)가 노랫말을 만들었고, 이후 공식적으로 불리고 있다.

8 사우디아라비아는 왕정으로 군주제(君主制, monarchy) 국가다. 왕이 실권을 행
사한다는 점에서 영국이나 일본과 같은 입헌군주제(立憲君主制, constitutional
monarchy)와 다르다.

9 이는 히즈라력 1427년 9월 26일에 공포된 왕령(A/135번)에 따라 개정된 내용
임. 왕위계승에 따른 문제를 해소하기 위하여 충성위원회에서 왕위계승자를 결
정한다.

10 알샤리아 알이슬라미야(al-Sharī'at al-Islāmiyyah)의 번역어. 샤리아는 기본적으
로 종교와 종교법이라는 의미를 지니고 있다. 전통적으로 아랍인들이 모세의 종
교 내지 종교법은 샤리아 무사, 그리스도교의 종교 또는 종교법은 샤리아 알마
시흐라고 한 데서 그러한 용법을 쉽게 찾아볼 수 있다. 알샤리아 알이슬라미야
에서 이슬람이라는 말이 보여주듯 여기서는 구체적으로 이슬람 종교, 이슬람 종
교법을 뜻한다. 코란에서 샤리아는 길을 의미한다(45:18).

11 사우디아라비아의 교육정책은 교육부(Ministry of Educaiton)에서 담당한
다. 대학 등 고등교육기관은 1975년에 설립된 고등교육부(Ministry of Higher

Education)에서 다뤘으나 교육부로 모두 통합되었다. 고등교육위원회(Higher Education Council)는 군사교육기관을 제외한 모든 고등교육기관을 감독한다. 각급 학교의 교육기간은 우리나라와 같이 초등 6년 후 6년의 중 · 고등 교육을 거치고 대학에 입학한다.

12 아랍어 자카트(al-Zakāh)의 번역어. 이슬람교 순니파에서 신자들이 행해야 할 5가지 의무 중 하나다. 어원적으로 정결(淨潔)의 뜻을 지녔는데, 회사(喜捨)라고 번역한다. 전통적으로 무슬림들은 일년에 정해진 비율의 재산을 신앙공동체를 위해 현금이나, 동물이나 곡식의 형태로 내놓았다. 재산이 없는 사람이 낼 수는 없기에 기준선이 있었다. 예를 들어 가축의 경우 그 기준선이 낙타 5마리, 소 30마리. 이 기준을 넘는 경우에 회사를 반드시 해야 하였다. 오늘날 현금으로 할 경우 보통 2.5퍼센트인데, 값 나가는 골동품이 있으면 20퍼센트를 내기도 한다. 이렇게 걷힌 돈은 가난한 사람들을 위해 쓴다. 코란 9장 60절에 따르면 자카트의 용처는 다음과 같다: 가난한 자, 채무자, 여행자, 마음의 위안을 받을 자, 전쟁 포로나 노예 해방, 알라를 위해 애쓰는 자, 자카 관리.

13 무슬림들이 인류 최초의 유일신전이라고 하는 카으바(Kaʿbah)가 있는 예언자 무함마드의 고향 메카(Mecca, 현지 발음 막카 Makkah), 무함마드가 박해를 피해 이주하여 공동체를 건설한 메디나(Medina, 아랍어 발음 마디나)가 두 성지다. 메디나는 예언자의 도시 '마디나 알나비(al-Madīnat al-Nabī)'의 줄임말이다. 원래 이름은 야스립(Yathrib).

14 이슬람 히즈라력으로 12월 두 알힛자(Dhū al-Hijjah)월 8일부터 13일까지 이루어지는 메카 순례를 핫즈(Hajj), 즉 대순례(大巡禮)라고 한다. 신체건강하고 경제적 능력이 되는 무슬림이라면 평생 한번 이 순례에 참여하는 것이 의무지만, 제한된 시간에 전 세계 무슬림들이 모두 참여하려고 하기에 사실상 평생 한 번 행하기는 쉽지 않다. 메카를 관장하는 사우디아라비아 정부는 각 국가별로 순례자 수를 할당하여 발표하고 이에 맞추어 대순례 비자를 발급한다. 약 50만의 사우디 순례자를 포함하여 매년 약 200만 명의 무슬림이 약 6천여 대의 비행기에 나누어 타고 짓다(젯다) 공항에 내려 15,000여 대의 버스에 올라 순례지 메카로

향한다. 순례자들은 메카 인근 미나에 사우디아라비아 정부가 준비해놓은 약 4
만 3천여 개의 임시 텐트에 묵는다. 순례 비용은 모두 순례자 각자가 부담한다.

15 12월 대순례 기간이 아닌 시기에 이루어지는 메카 순례를 모두 소순례라고 한
    다. 아랍어로 우므라(al-ʿumrah)라고 한다.

16 2016년 예산 8,400억리얄(260조 3,916억원) 중 교육 예산은 1,920억리얄(59조
    5,180억 8,000만원)로 약 23퍼센트를 차지하였다. 1 리얄을 309.99원으로 환산
    한 금액임. 사우디아라비아는 국민들에게 무상교육을 실시할 뿐 아니라 대학생
    들에게는 월 용돈까지 지급한다.

17 두 성지란 메카와 메디나를 의미한다. 군은 육군, 해군(해병대, 특수부대), 공군
    외에 대공방위 레이더를 작동하는 대공방위군, 장거리 미사일을 관장하는 전략
    미사일군, 국방수호군으로 구성되어 있다. 사우디아라비아의 병력 수는 약 22만
    7천명으로 추산되는데, 국방비 지출액은 808억 달러로 미국, 중국, 러시아에 이
    어 세계 4위다. 자세한 사항은 국가개황 참고.

18 사우디아라비아 군은 징병제가 아니라 모병제로 17세이상이면 군에 지원할 수
    있다.

19 파트와(fatwa)는 전통적으로 법률적 지식이 뛰어나다고 인정받은 법률학자가
    내어놓은 법적 의견을 의미한다. 복수는 파타와(fatāwā). 파트와를 발행하는 사
    람을 무프티(muftī)라고 한다.

20 울라마(ʿulamā)는 아랍어로 '학자'를 의미하는 알림(ʿālim)의 복수형이다. 전
    통 이슬람세계에서 울라마는 이슬람법을 다루고 법적인 의견을 내어놓을 수 있
    는 법학자들을 주로 의미하였다. 사우디아라비아 내 울라마를 모아 만든 조직
    이 고위 울라마 위원회(The Council of Senior Scolars, Majlīs Hayʾat Kibār al-
    ʿUlamā)이다. 위원들은 정부로부터 봉급을 받는다. 2010년 이래 이 위원회와
    몇몇 학자들을 제외하고는 사우디아라비아 내에서 파트와를 발행할 수 없다.

21 1970년 파이살 국왕이 법무부를 설립한 이래 법무부가 법원을 포함하여 국내
    사법 관련 모든 업무를 총괄한다. 법무부 장관은 고위 울라마 중에서 국왕이 임
    명한다.

22 2013년 1월 이래 법무부장관, 법무부차관, 대법원장, 상고법원장 4명, 법무부차관, 검사장으로 구성되어 있고, 위원장은 법무부장관이 맡는다. 위원의 임기는 4년이다.

23 이슬람 히즈라력 1428년 9월 19일(서력 2007년 10월 1일)에 공포된 왕령 M/78 에 따라 변화가 진행되고 있다. 이에 따르면 사우디아라비아의 사법부는 일반법원, 형사법원, 가족법원, 상업법원, 노동법원이 하부 구조를 이루고, 그 위로 제1 심법원, 상고법원, 대법원이 있는 구조를 이룬다.

24 히즈라력 1402년 7월 17일(서력 1982년 5월 10일) 왕령 M/51에 따라 설립되어 정부 관련 소송뿐 아니라 상업 관련 분쟁도 다루어왔다. 히즈라력 1428년 9월 19일(서력 2007년 10월 1일) 왕령 M/78은 원래의 취지대로 행정 관련 소송만 취급하고, 상업 관련 소송은 일반 이슬람법정의 상업 관련 법정에서 다루도록 하였다. 상급행정법원, 상고행정법원, 행정법원으로 구성되고, 정부와 정부기관과 관련된 소송, 행정명령 취소 소송, 정부의 행정명령을 위반하는 불법행위, 행정권력이 관련된 계약 등을 다룬다.

25 1953년 압둘아지즈 국왕이 설립한 국무기관으로 매주 월요일 국왕이 총리 자격으로 회의를 주재한다. 현재 국무회의는 히즈라력 1414년 3월 3일(서력 1993년 8월20일) 왕령 A/13에 따라 운영되고 있다. 국무위원은 총리 역할을 하는 국왕, 부총리, 각 부서 장관, 왕령에 따라 국무위원으로 임명된 장관 및 국왕 자문위원으로 구성된다.

26 왕세자는 국왕이 임명하고 충성위원회의 승인을 받아야 한다. 2015년 4월 29일 현 국왕 살만은 차기 왕위 승계자였던 이복 동생 무끄린 대신 자신의 조카인 무함마드 빈 나이프를 새로운 왕위 계승자로 임명하였다.

27 입법부라고 번역한 아랍어는 알술따트 알탄지미야트이다. 규제권력, 감독권력으로 번역 가능하나 법과 규칙을 만들기에 입법부라고 할 수 있다.

28 슈라의회에 따르면 사우디아라비아의 슈라의회 전통은 1924년 압둘아지즈 국왕이 메카를 차지할 당시로 거슬러 올라간다. 그러나 오늘날 의회는 히즈라력 1421년 8월 27일(서력 2000년 5월 2일) 당시 파흐드 국왕이 슈라의회법을 도입

하면서 시작되었다. 제 1기(1993년-1997년) 슈라의회는 60명의 의원으로 시작되었고, 제2기(1997년-2001년)는 90명, 제3기(2001년-2005년)는 120명, 제4기(2005년-2009년), 제5기(2009년-2013년), 제6기(2013년-2017년)는 150명으로 구성되었다. 의원은 모두 국왕이 임명한다. 제6기 의원에는 처음으로 여성이 의원으로 임명되었다. 모두 30명의 여성의원이 제6기 의회에서 활동 중이다. 슈라의회법 제3조에 따르면 여성의원 수는 전체의원수의 20퍼센트를 넘을 수 없다. 슈라의회에 관한 자세한 사항은 다음 논문을 참조. 김종도, "사우디아라비아 슈라의회에 관한 연구 - 의회역사와 의회법 분석을 중심으로", 『중동연구』 32권 3호(2013년), 1-22쪽.

29 사우디아라비아의 공식통화 단위는 사우디 리얄(Saudi Riyal)인데, 로마자로는 SR로 표기한다. 리얄보다 작은 단위는 1963년에 도입한 할랄라(Halalah)다. 1 리얄은 100 할랄라다. 또 오스만제국 시대에서 유래한 끼르시(Qirsh)라는 단위를 동전에서 볼 경우도 있는데, 현재는 더 이상 사용하지 않는다. 1 리얄은 20끼르시다. 동전은 5종류로 5, 10, 25, 50, 100 할랄라, 지폐는 1, 5, 10, 20, 50, 100, 200, 500 리얄 8종이 유통되고 있다. 환율은 고정환율제를 채택하여, 미 1달러가 3.75 사우디 리얄이다. 2016년 3월 19일 현재 1리얄은 309.99원이다.

30 사우디아라비아의 회계연도는 서력으로 전년도 12월 31일에서 당해 12월 30일까지다. 2016년 회계연도는 2015년 12월 31일부터 2016년 12월 30일까지다.

이슬람과 석유의 나라

사우디아라비아왕국

1. 개관

1932년 9월 23일 건국한 사우디아라비아는 통치기본법에서 밝힌 바와 같이 완전한 주권을 지닌 이슬람 국가로 이슬람을 국교로 하고, 코란과 예언자 무함마드의 언행(순나)을 따르며 이슬람법을 준수하여 정의, 협의(協議), 평등 원칙에 근간을 둔 왕정국이다. 공식 국가 명칭은 사우디아라비아왕국(al-Mamlakat al-ʿArabiyyat al-Suʿūdiyyah)이다. 사우드 아랍 왕국이라는 뜻이다. 사우드는 가문명으로 1744년 사우드 왕가를 설립하여 1765년까지 다스린 무함마드 빈 사우드(Muhammad bin Suʿūd)의 이름에서 나왔다. 정확한 아랍어로는 알 수우드(Āl Suʿūd)지만 사우드로 표기하는 것이 관례다.

사우디아라비아왕국의 공식 언어는 아랍어, 통화 단위는 사우디 리얄(SR)이다. 지폐는 8종류(1, 5, 10, 20, 50, 100, 200, 500 리얄), 동전은 5종류(1, 5, 10, 25, 50, 100 할랄라)가 있다. 사우디아라비아는 고정환율제를 채택하고 있으며, 미 달러와 사우디 리얄은 1대 3.75로 고정되어, 미 1 달러는 3.75 사우디 리얄이다. 이슬람을 국교로 하는 나라답게 달력은 이슬람력(히즈라력)을 쓰고, 주중 휴일은 금요일과 토요일이다.

이슬람교의 두 축제인 이드 알피뜨르와 이드 알아드하는 서력 9월 23일인 국경일과 함께 공식 휴일이다. 이드 알피뜨르는 라마단(9월) 25일부터 샤우왈(10월) 5일까지, 이드 알아드하는 두 알힛자(12월) 5일부터 15일까지 각각 10일간 쉰다. 이드 알피뜨르 기간이 주간 휴일 전에 오면 최대 2주까지 휴무한다.

1744년 중부 나즈드 지방에서 사우드 가문과 인근 베드윈 부족들이 연합하여 정치 공동체를 형성한 이래 여러 차례 부침을 겪은 끝에 현재 아라비아반도의 약 80%인 2,149,690 평방킬로미터[1] 크기의 대국을 이루었다. 동쪽으로는 걸프를 사이에 두고 이란과 마주보고 있고, 아랍에미리트, 카타르와 동쪽 국경을 맞대고 있다. 서쪽으로는 홍해를 사이에 두고 이집트, 이디오피아, 소말리아를 마주보고 있다. 북쪽으로는 쿠웨이트, 이라크, 요르단과 남쪽으로는 예멘, 오만과 각각 이웃하고 있다.

이슬람의 성지 메카와 메디나를 수호하는 왕국으로 자부심이 강한 사우디아라비아는 2015년 살만 국왕이 권좌에 오른 이래 권력의 세대 교체를 통해 왕권의 안정을 도모하면서 풍부한 석유 자원을 바탕으로 급변하는 국제정치 현실에 맞추어 아랍 순니 왕정의 존속과 발전을 위해 부단히 영향력을 발휘하고 있다.

2. 역사

오늘날 사우디아라비아왕국은 1744년 무함마드 이븐 사우드가 종교지도자 무함마드 이븐 압둘와합(Muhammad ibn ʿAbd al-Wahhaāb, 1703-1792)과 손을 잡고 중부 나즈드 지방의 리야드를 수도로 삼아 시작한 데에 기원을 둔다. 압둘와합의 이슬람 사상은 순수한 형태의 이슬람으로 돌아가자는 종교문화 개혁 운동이었는데, 사우드 가문은 이를 바탕으로 주변 베드윈 부족과 함께 왕국의 영향력을 넓혀갔다. 그러나 1818년 당시 아라비아반도를 지배하고 있던 오스만제국의 이집트 총독 무함마드 알리 파샤가 이끈 이집트군에 패배하였다. 급격히 위축된 사우드 가문은 1824년 왕정을 재건하였지만 라시드(Āl Rashīd)가문에 패하여 쿠웨이트로 쫓겨났다가 1902년 압둘아지즈 이븐 사우드(1876-1953)가 다시 리야드를 점령하면서 사우드 왕가의 부활을 알렸다. 1921년 라시드 가문을 완전히 무찌르고 나즈드의 술탄이 된 압둘아지즈 빈 알라흐만 알파이살 알 사우드(ʿAbd al-ʿAzīz bin ʿAbd al-Raḥmān al-Faysal Āl Suʿūd)는 1926년 메카와 메디나가 있는 히자즈 지방까지 점령한 후 히자즈와 나즈드의 왕으로 군림하였고, 동지였다가 반군으로 돌아선 파이살

빈 술탄 알다와이시(Faysal bin Sulṭān al-Duwaysh, 1882-1931)
의 이크완(Ikhwān) 군을 진압하고 전 아라비아반도를 통일하여
1932년 9월 22일 오늘날 사우디아라비아왕국을 건설하였다.

2016년 현재 국왕은 초대 국왕 압둘아지즈 이븐 알 사우드와
그의 8번째 아내 수다이리(Sudayrī) 왕비 사이에서 낳은 여섯 번
째 아들이다. 자신의 아들들이 모두 왕위에 오를 때까지 다음
세대에게 왕좌를 넘기지 말라는 초대 국왕의 유지에 따라 그동

〈사우디아라비아 왕국 역대 국왕〉

	국왕명(생몰연도)	재위기간
1	ʿAbd al-ʿAzīz bin ʿAbd al-Raḥmān al-Faysal Āl Suʿūd(1876-1953)	1932-1953
2	Suʿūd bin ʿAbd al-ʿAzīz (1902-1969)	1953-1964
3	Faysal bin ʿAbd al-ʿAzīz (1913-1982)	1964-1975
4	Khālid bin ʿAbd al-ʿAzīz (1913-1982)	1975-1982
5	Fahd bin ʿAbd al-ʿAzīz (1920-2005)	1982-2005
6	ʿAbd Allah bin ʿAbd al-ʿAzīz(1924-2015)	2005-2015
7	Salmān bin ʿAbd al-ʿAzīz(1935-)	2015-
차기 왕위계승자: Muḥammad bin Nāyf bin ʿAbd al-ʿAzīz(1959년생) 현 국왕의 조카		
차차기 왕위계승자: Muḥammad bin Salmān(1985년생) 현 국왕의 아들		

안 그의 아들들이 왕좌를 계승하였으나, 노령으로 인한 왕권 약화를 우려하는 목소리가 커짐에 따라 차기 왕은 2015년 4월 29일 초대 국왕의 손자 세대인 무함마드 빈 나이프 빈 압둘아지즈 (Muḥammad bin Nāyf bin ʿAbd al-ʿAzīz, 1959년생)로 결정되었다.

3. 권력기관

국가 권력기관은 사법부, 행정부, 입법부로 구성되고 이들 기관의 중심은 국왕이다. 국왕은 왕국 설립자의 아들과 손자들 중 가장 의로운 자가 되고, 국왕은 충성위원회를 소집하여 충성위원회법에 따라 왕위계승자를 선출하며, 국왕 서거 시 왕위계승자는 충성서약을 받을 때까지 국왕의 임무를 맡는다.

국왕은 이슬람법에 따라 국가를 다스리고, 이슬람 샤리아, 정부 체계, 국가의 총 정책, 국가 보호와 방위의 이행 여부를 감독하고, 독립기구인 사법부의 판사를 임명하고 임기를 정하지만 판결에 영향력을 미칠 수는 없다.

국왕은 총리직을 수행하고, 왕령에 따라 부총리, 장관, 장관위원회 위원을 임명하고 해임한다. 행정부는 모두 23개의 부서로 나뉘어져 있다. 입법부는 이슬람 샤리아에 따라 국익을 실현하고 국무 상 해악을 제거하기 위하여 법과 규칙을 입안하고, 통치법, 장관위원회와 자문위원회의 법에 의거하여 권한을 행사한다.

일반 국가의 국회와 같은 기구가 슈라의회인데, 구성, 권한, 의원선출에 관한 세부사항은 법에 따르고, 국왕은 슈라의회를 해산하거나 재 구성할 수 있다. 현재 슈라의회는 1992년 3월 1일에 파흐드 국왕이 왕칙령으로 공포한 슈라의회법을 준행하고 있다.

슈라의회법 전문은 스스로 교우들과 협의하는 모범을 보이면서 무슬림들에게 서로 협의할 것을 당부한 알라의 사도의 예를 따르고, 이슬람의 경전 코란과 예언자의 순나(전통)에 근거를 두면서, 통치기본법과 슈라의회법에 의거하여 슈라의회를 설립한다고 밝히고 있다. 슈라의회법은 전문과 30조 항으로 구성되어 있다.

슈라의회는 공식적으로 사우디아라비아의 자문기구로 왕에게 법을 입안하여 제안만 할 수 있다. 하지만 최근에는 법을 해석할 수 있는 권한을 가지게 되어 활동영역이 넓어졌다. 그러나 의회제의 기본 원리인 대표기능성은 아직 확보하지 못하고 있다. 슈라의회 의원을 모두 국왕이 임명하기 때문이다. 정부부처가 제출한 보고서를 검토할 권한도 가지고 있는데, 이는 민주주의가 채택하고 있는 상호견제의 역할로 볼 수 있고, 더 나아가 권력 집중화를 막기 위한 조치로 보인다. 슈라의회는 또한 국가의 연간 예산을 검토할 권한을 가지고 있는데, 의문사항에 대해서는 관련 장관을 호출하여 사안에 대하여 질의와 자문을 할 수 있다.[2]

슈라의회 조직을 보면 의장 아래에 부의장, 의장보좌, 사무총장이 있다. 부의장은 의회의 기획업무와 발전에 관한 일을 주로 담당하고, 의장 부재 시 의장을 대행한다. 의장을 보좌하는 의장보좌는 연구정보, 대외홍보, 기술정보업무 등을 주로 담당하고, 의장과 부의장이 모두 부재 시 이들의 업무를 대신한다. 사무총장은 실무를 총괄하는데, 휘하에 3명의 사무차장(행정 및 재무국, 회기국, 위원회국)을 두어 효율적으로 업무를 분담하고 있다. 각종 사항을 심의하고 의결하는 운영위원회는 슈라의회 의장, 부의장, 의장 보좌역, 특별위원회 위원장단으로 구성된다.[3]

현대 슈라의회의 회기는 4년이다. 1993년 제1대(1993-1997년) 의회는 60명의 의원으로 구성되었는데, 이후 점차 증가하였다. 제2대(1997-2001년)는 90명, 제3대(2001-2005년)는 90명, 제4대(2005-2009년)는 150명, 제5대(2009-2013년)는 150명, 현 제6대(2013-2107년)는 150명으로 구성되었다. 2013년 국왕이 여성의원 30명을 임명하였고, 2015년 1월에 슈라의회법이 개정되어 정원의 20%는 무조건 여성의원의 몫으로 할당되었다. 슈라의회는 2003년 4월 7일 국제의원연맹의 정식회원이 되었다.

사우디아라비아의 국가 정체성을 잘 드러내고 있는 법은 1992년 3월 1일 "공공복리와 국가발전"을 고려하여 파흐드 국왕이 내린 왕령에 따라 공포된 통치기본법이다. 통치기본법은 사우디아라비아왕국의 정체성과 전반적인 통치 기조를 규정하고 있다. 그 구성을 보면 1장 총칙, 2장 통치체제, 3장 사우디 사회의 구성, 4장 경제 원칙, 5장 권리와 의무, 6장 국가 권력기관, 7장 재정, 8장 감사기관, 9장 일반 규칙 등 총 9장 83조로 구성되어 국가정체성, 국가권력구조, 국민의 권리와 의무 등을 규정한다. 83조 중 이슬람과 관련된 항목이 모두 23조로 전체의 28%에 달한다.

엄밀히 말해서 사우디아라비아의 헌법은 통치기본법 제1조에 명시된 대로 "지고하신 알라의 경전과 그분의 사도의 순나"이다. 지고하신 알라의 경전은 코란을 의미한다. 제7조는 다시 경전과 순나가 통치기본법 및 사우디아라비아 내 모든 법을 지배한다고 명시한다. 이슬람 종교신앙의 핵심인 코란과 순나가 헌법이자 최상위법이기에 사우디아라비아는 이슬람국가라고 불러도 무방하다.

4. 인구와 행정구역

2010년 인구조사에 따르면 사우디아라비아의 인구는 내국인 18,973,615명, 외국인 8,589,817명으로 모두 합하여 27,563,432 명이다. 통계당국은 인구증가율을 감안할 경우 2015년에는 인구가 31,521,418명(내국인 21,129,960명, 외국인 10,391,458명) 에 달할 것으로 추산하고 있다.[4]

〈사우디아라비아의 향후 추정 인구(단위: 명)〉

연도	총인구	내국인	외국인
2016	32,248,123	21,553,696	10,694,427
2017	32,949,721	21,972,440	10,977,281
2018	33,625,634	22,384,941	11,240,693
2019	34,275,435	22,789,995	11,485,440

〈사우디아라비아 행정구역〉[5]

주명	주도	인구(2015년 추산)
리야드	리야드	7,910,864
메카	메카	8,099,473
메디나	메디나	2,061,383
까심	부라이다	1,402,974
동부	담맘	4,762,871
아시르	아브하	2,194,463
타북	타북	907,494
하일	하일	685,820
북부	아르아르	367,433

자잔	자잔	1,568,727
나즈란	나즈란	581,789
바하	바하	471,755
자우프	사카카	506,372

1992년 3월 2일 (히즈라력 1412년 8월 27일) 왕령 1/92에 의
거하여 사우디아라비아는 다음과 같이 모두 13개의 행정구역으
로 나뉘어져 있다.[6]

5. 자연환경[7]

　면적상 전 세계 13위인 대국답게 사우디아라비아왕국의
지형은 다양하다. 서쪽 홍해 변에는 무려 1,100킬로미터 길
이의 티하마(Tihāmah) 평원이 펼쳐져 있다. 남쪽의 폭은 무
려 60킬로미터에 달하고, 북으로 올라갈수록 좁아지면서 아
까바(ʿAqabah)만까지 다다른다. 평원 동쪽으로는 사라와트
(Sarawāt) 산맥이 자리잡고 있다. 남고북저의 형태로 남쪽에서
가장 높은 곳은 해발 2,700미터이지만 북쪽으로 갈수록 900미
터 정도로 낮아진다.

　아라비아반도에서 가장 큰 비샤(Bīshah)계곡을 비롯해서 자
잔(Jāzān), 나즈란(Najrān), 타슬리스(Tathlīth), 힘드(Ḥimḍ), 루
마(Rumah), 얀부(Yanbuʿ), 파띠마(Fāṭimah) 등의 계곡이 사라
와트 산맥에서 나와 동서로 뻗어 있다. 산맥 동편에는 나즈드
고원이 있다. 이 고원은 동쪽으로는 삼만(Ṣammān) 사막, 다흐
나(Dahnāʾ) 사구(砂丘), 남쪽으로는 다와시르(Dawāsir) 계곡까
지 뻗쳐있는데, 루브 알칼리(al-Rubʿ al-Khālī) 사막과 평행선을
이루면서 북쪽으로 나즈드 평원까지 이어지고, 하일을 지나 나
푸드 사막에까지 연결되어 이라크와 요르단 국경까지 다다른

다. 왕국의 남동편에 자리 잡은 루브 알칼리 사막은 그 면적이 64만 평방킬로미터로 우리나라보다 무려 여섯 배가 더 크다. 동쪽 걸프 해안은 총연장이 610킬로미터에 달한다.

　왕국의 기후는 지역에 따라 다양하다. 아열대성 고기압으로 인하여 일반적으로 여름에 덥고 겨울에 추운 날씨다. 서쪽과 남서쪽은 기후가 온화하지만, 내륙은 여름에 고온건조하고 겨울에 춥다. 해안가는 고온다습하다. 대다수 지역은 봄과 겨울에 비가 거의 내리지 않지만, 남서쪽 산맥 지역은 여름에 강우량이 상당하다. 서쪽 해안가와 산맥지역은 거의 1년 내내 습도가 높고 내륙으로 들어갈수록 습도가 낮아진다.

〈메카의 월 최고 및 최저 온도(2014년)〉

월	1	2	3	4	5	6	7	8	9	10	11	12
최고 온도	34.3	35.8	40.1	42.8	43.5	44.0	42.7	41.5	39.6	35.9	33.8	32.5
최저 온도	16.4	23.6	27.2	29.7	30.7	31.3	29.7	27.7	27.4	23.5	21.4	21.0

6. 국가 안정성

　이코노미스트가 평가한 사우디아라비아의 2015년 8월 현재 국가 위험성 등급은 우리나라와 같은 B등급이다. UN의《2015 세계행복보고서》에 따르면 2012-2014년간 사우디아라비아 국민의 행복지수는 세계 35위다. 참고로 우리나라는 47위를 차지하였다.[8] 우리나라 국민보다 사우디아라비아 국민의 행복도가 더 높다. 그러나 우리나라보다 정치안정, 정부의 효율성, 법과 제도 측면에서 뒤져있다. 우리보다 더 높은 평가를 받은 분야는 거시경제다.

또 세계은행의《2013년 통치지표》에 따르면 정치안정 측면에서 사우디아라비아는 낙제점을 받고 있다. 이코노미스트 역시 사우디아라비아의 정치적 안정도를 C등급으로 낮게 평가하고 있다. 2015년 들어 사우디아라비아 왕정은 왕세자와 차기 왕세자를 지금까지 관례에 비추어 훨씬 젊은 세대로 정하여 왕정의 투명성과 역동성을 제고하고 있다. 다만 사우디아라비아를 둘러싼 역내 환경은 IS로 인한 시리아와 이라크의 정정 불안, 이란 핵협상을 둘러 싼 사우디아라비아와 미국의 갈등 등으로 인해 불안정한 상태다. 특히 IS 추종세력이 시아 모스크 폭발 테러를 감행하여 고질적인 순니와 시아 무슬림 간 갈등을 부추기고 있다. 또 예멘의 내란에 군사적으로 개입하면서 이란과 간접적으로 충돌, 국내 안보 상태가 긴장국면에 들어 서 있는 형편이다.

〈이코노미스트지 평가 사우디아라비아의 안정성〉

위험성 등급	사우디아라비아		대한민국	
	현재 등급	현재 점수	현재 등급	현재 점수
전체평가	B	40	B	31
안보	B	32	B	25
정치 안정	C	55	B	40
정부의 효율성	D	71	C	50
법과 제도	C	42	B	32
거시경제	A	30	B	25
무역&지불능력	B	21	B	21
재정	B	29	B	26
세정(稅政)	B	31	B	25
노동시장	C	57	C	46
사회기반시설	B	31	A	19

* 출처: The Economist Intelligence Unit(2016년 3월 19일 현재)[9]

〈2014년 통치지표(100점 만점)〉

	사우디아라비아	한국
법치	65.4	80.8
정치 안정	35.4	53.9
부패 통제력	53.4	83.7
정부 효율성	62.0	86.5
정치 참여도	3.4	69.0

* 출처: The Worldwide Governance Indicators[10]

　　현재 사우디아라비아가 가장 위협적으로 생각하고 있는 국가는 이란이다. 1979년 이란 왕정을 타도하고 이슬람 공화국이 들어선 이래 사우디아라비아는 이란 발 이슬람혁명의 기운이 자국에도 영향을 끼칠까 노심초사해왔다. 사우디아라비아 인구의 약 10-15%는 시아파다. 동부지역 아흐사(al-Aḥsāʾ)와 까티프(al-Qaṭīf) 지역에는 12이맘파, 남부 나즈란은 이스마일파, 예멘 국경지대에는 자이드파 시아 무슬림이 살고 있다. 특히 이란과 같은 12이맘파 시아의 집중 거주지인 동부 유전지대에 이란의 영향력이 확대될 것을 우려하고 있다. 이곳에는 세계 최대의 유전인 가와르(al-Ghawār) 유전이 위치하고 있다. 정정 불안으로 인해 자원안보에도 해가 끼칠 것을 우려하고 있다.

7. 군대

사우디아라비아 군은 모병제로 17세 이상이면 지원할 수 있는데, 육군, 해군(해병대, 특수부대), 공군 외에 대공방위 레이더를 작동하는 대공방위군, 장거리 미사일을 관장하는 전략미사일군, 국방수호군으로 구성되어 있다. 이중 국방수호군은 국방부가 아니라 국방수호부가 통제한다. 국제전략연구소는 사우디아라비아의 병력 수를 약 22만 7천명으로 추산하고 있다. 스웨덴의 스톡홀름 국제평화연구소에 따르면 2014년 사우디아라비아의 국방비 지출액은 808억 달러로 미국, 중국, 러시아에 이어 세계 4위다.[11] 국민총생산대비 10.4%에 달한다.[12]

<옌우디아라비아 병력수(단위: 명)>

육군	75,000
해군	13,500
공군	20,000
대공방위군	16,000
전략미사일군	2,500
국방수호군	100,000
총계	227,000

* 출처: Military Balance Blog[13]

8. 환경과 국민건강

사우디아라비아의 환경오염 문제는 심각하다. 걸프협력회의 소속 6개 국가 중 이산화탄소를 포함한 공해 배출에서 압도적인 1위다.

<주요 아랍산유국 이산화탄소배출량(단위: 백만톤)>

	2010년	2011년	2012년
사우디아라비아	414.9	429.8	458.8
아랍에미리트	152.3	158.5	171.0
이라크	101.2	108.2	119.0
쿠웨이트	80.3	84.7	91.3
카타르	60.6	67.1	75.8

* 출처: IEA CO2 Emissions from Fuel Combustion[14]

<걸프협력회의 소속 6개국 공해배출 순위>

순위	국가명	비율(%)
1	사우디아라비아	57
2	아랍에미리트	17
3	쿠웨이트	11
4	카타르	6
4	오만	6
6	바레인	3
계		100

* 출처: Qatar Sustainability Assessment System[15]

또한 여타 걸프협력회의 국가와 마찬가지로 비만이 국민건강
을 가장 심각하게 위협하는 질병이다.

<걸프협력회의국가 인구대비 비만율>

순위	국가	비만율(%)
1	쿠웨이트	42.8
2	사우디아라비아	35.2
3	아랍에미리트	33.7
4	카타르	33.1
5	오만	22.0

9. 경제

정부통계에 따르면 사우디아라비아 국민의 2014년 경제활동
참여율은 41.1%다. 연령층으로 보면 청년층, 성별로 보면 여성

층의 실업률이 높다.

〈사우디아라비아 경제활동지표〉

	인구대비 고용률	실업률	경제활동 참여율
2014년	35.7%	11.7%	41.1%

* 출처: Central Department of Statistics & Information[16]

〈사우디아라비아 실업률(단위 %)〉

연도	남성	여성	총계
2011	7.4	33.4	12.4
2012	6.1	35.7	12.1
2013	6.1	33.2	11.2

* 출처: Central Department of Statistics & Information[17]

헤리티지재단이 월스트리트 저널과 매년 조사하고 있는 경제자유도에서 2016년 사우디아라비아는 100점 만점에 62.1점을 획득, 조사 대상 중동 역내 14개 국가 중 8위에 머물렀다. 조사대상 전 세계 178개국 중에서는 78위다. 참고로 우리나라는 71.7점으로 27위다.

〈2016년 중동 주요국의 경제자유지표〉

순위	국가	경제자유점수
1	바레인	74.3
2	아랍에미리트	72.6
3	카타르	70.7

4	이스라엘	70.7
5	요르단	68.3
6	오만	67.1
7	쿠웨이트	62.7
8	사우디아라비아	62.1
9	모로코	61.3
10	레바논	59.5
11	튀니지아	57.6
12	이집트	56.0
13	알제리	50.1
14	이란	43.5

* 출처: 2016 Index of Economic Freedom[18]

2015년 사우디아라비아의 예상 세입은 1907억 달러(7150억 리얄), 지출은 2293억 달러(8600억 리얄)로 386억 달러(1450억 리얄) 재정 적자가 발생할 것으로 예상된다. 2014년은 세입이 2789억 달러(1조 460억 리얄), 적자액이 144억 달러(540억 리얄)를 기록하였다.[19]

2015년 예산의 쓰임새를 보면, 교육과 의료보건 분야를 우선하여 예산의 44%를 배당하였다. 이 중 교육은 25%로 세계 제일의 비율이다. 보건과 사회 분야는 예산의 14%를 차지하고 있다. 2014년 11월 사우디아라비아는 2413억 달러(9050억 리얄)에 달하는 잔고를 보유하고 있었지만 급격한 원유가 하락으로 재정압박을 심하게 받고 있다는 것이 정설이다.[20] 이를 반영이라도 하듯 2016년 예산은 2015년보다 13.8퍼센트 감소한 8400억 리얄이다.

〈2015년과 2016년 예산 비교 (단위: 억 리얄)〉

예산항목	2016년	2015년	증감(%)	차액(리얄)
예산	8,400	9,750	-13.8	-1,350
교육 · 훈련	1,920	2,170	-11.7	-253
보건 · 사회발전	1,050	1,600	-34.5	-551
시정운영	210	400	-46.9	-187
군사안보	2,130			
기반 · 교통	240			
경제자원	780			
행정	240			
예산지원대비	1,830			

* 출처: Saudi-US Relations Information Service[21]

　사우디아라비아 경제의 젖줄은 두말 할 것도 없이 석유와 가스와 같은 천연자원이다. 정부 세입의 75%, 수출액의 90%를 차지하는 원유는 그야말로 사우디 경제의 전부라고 해도 과언이 아니다. 일일 석유생산량이 1000만 배럴에 이르는 세계 최대 원유 생산국이다. 1948년 발견되어 1951년부터 본격 생산을 시작한 세계 최대 가와르 유전에서는 하루 약 5백만 배럴의 원유를 생산한다.

〈2013년 사우디아라비아 천연자원〉

석유수출액	3217억 2300만 달러
원유 확인 매장량	2657만 8900 배럴
천연가스 매장량	8조 3170억 입방미터
일일 원유 생산량	963만 7000 배럴
천연가스 시장 생산량	1000억 3000만 입방미터
일일 정제 능력	250만 7000 배럴
일일 석유 수요량	299만 4000배럴
일일 원유 수출량	757만 1000배럴
일일 석유제품 수출량	79만 4000배럴

* 출처: OPEC Annual Statistical Bulletin 2014[22]

〈2013년 원유확인매장량(단위: 배럴)〉

1	베네수엘라	2983억 5000만
2	사우디아라비아	2657억 8900만
3	이란	1578억 0000만
4	이라크	1442억 1100만
5	쿠웨이트	1015억 0000만
6	아랍에미리트	978억 0000만
7	러시아	800억 0000만
8	리비아	483억 6300만
9	나이지리아	370억 7000만
10	미국	330억 0000만

* 출처: OPEC Annual Statistical Bulletin 2014

〈2013년 천연가스확인매장량(단위: 입방미터)〉

1	러시아	48조 8100억
2	이란	34조 200억
3	카타르	24조 6810억
4	투르크메니스탄	9조 9670억
5	미국	8조 7350억
6	사우디아라비아	8조 3170억
7	아랍에미리트	6조 910억
8	베네수엘라	5조 5810억
9	나이지리아	5조 1110억
10	알제리	4조 5040억

* 출처: OPEC Annual Statistical Bulletin 2014

사우디아라비아는 중동국가 중 경제자유도가 중간이지만, 사업하기에는 편한 국가로 평가받고 있다. 세계은행의 '2014년 비즈니스보고서'에서 사우디아라비아는 세계에서 26번째로 사업하기 편한 국가로 선정되었는데, 중동에서는 23위인 아랍에미리트 다음으로 사업하기 편한 나라로 뽑혔다.[23]

사우디아라비아는 걸프협력회의 회원국으로, 회원국간 자유무역협정을 통해 경제발전을 도모하고 있다. 1981년 5월 25일 아부다비에서 결성된 걸프협력회의는 이슬람, 아랍이라는 공통의 종교, 문화, 역사를 바탕으로 사우디아라비아, 쿠웨이트, 아랍에미리트, 카타르, 오만, 바레인 6개국이 결성한 안보·경제·정치 공동체다. 현재 본부는 사우디아라비아의 수도 리야드에 있다.

	2014년	평균(%)	2010-14년
GDP(시장환율)	7462억 4900만	실질 GDP 증가율	4.2%
GDP(구매력평가)	1조 6188억 6900만	실질국내수요증가율	5.5%
1인당 GDP(시장환율)	25,163	인플레이션	2.6%
1인당 GDP(구매력평가)	54,588	현재경상수지 (GDP대비)	17.5%

(단위: 미 달러)

* 출처: The Economist Intelligence Unit

2014년 주요수출품	전체 대비율(%)	2014년 주요수입품	전체 대비율(%)
광산품	82.2	기계와 교통장비	43.4
화학제품	5.6	식품	14.2
플라스틱	5.4	금속화학제품	8.7

* 출처: The Economist Intelligence Unit[24]

2014년 수출시장	전체 대비율(%)	2014년 주요 수입국	전체 대비율(%)
중국	13.3	중국	13.3
일본	13.0	미국	12.1
미국	12.8	인도	8.3
대한민국	10.0	독일	6.5

* 출처: The Economist Intelligence Unit

〈2014년 대 사우디아라비아 주요 수출국〉

순위	국가	금액(사우디 리얄)
1	중국	871억 2200만
2	미국	847억 3000만

3	독일	470억 9300만
4	일본	373억 600만
5	대한민국	323억 3600만
6	아랍에미리트	310억 1900만
7	인도	235억 900만
8	프랑스	221억 3200만
9	이탈리아	219억 2900만
10	스위스	179억 5300만

* 출처: Central Department of Statistics & Information[25]

10. 새로운 미래를 향하여

2016년 4월 25일에 현 살만 국왕의 아들인 부왕세자 무함마드 빈 살만 알 사우드는 탈(脫) 석유시대에 대비하여 '경제구조의 다변화'를 골자로 하는 '비전2030'을 발표하였다. 최근 저유가 시대에 접어들었고, 수 십 년 동안 석유 채굴로 인해 '이지오일(easy oil)', 즉 쉽게 파낼 수 있는 석유는 고갈되었다. 석유 채굴비가 상승하는 반면, 셰일 오일 발견과 셰일 오일 생산비 저하 현상 등으로 인해서 석유에 의존하는 장밋빛 미래는 점차 감소하고 있는 상황이다.

'비전 2030'은 이렇듯 석유 의존도가 높은 현재의 경제구조를 바꾸겠다는 것이 핵심이다. 원유가 경제에서 차지하는 영향력을 큰 폭으로 줄여 국내총생산(GDP) 중 민간부문 기여도를 현재 40%에서 2030년까지 65% 수준으로 끌어 올리고자 한다. 중소기업 비율을 20%에서 35%까지 늘리고, 실업률을 11.6%에서 7%로 낮추며, 여성 노동인구 비율을 현재 22%에서 30%로 높이는 것을 목표로 삼고 있다.

사우디아라비아 정부는 지식기반 중심 사회를 구축하기 위하여 교육, 기술, 직업훈련, 보건, 인적지원개발 분야에 대규모 예산을 투자하였다. 특히 인재양성 차원에서 2015년 1월 서거한 압둘라 국왕은 석유 이후의 시대를 대비, 2005년부터 '압둘라 국왕 해외유학장학프로그램'을 통하여 자국 학생을 해외 대학에 유학을 보내 인재를 양성해왔다. 2014년의 경우 약 20만 7천 명이 혜택을 입었는데, 투입된 장학금이 무려 60억 달러에 달한다. 사우디아라비아는 교육 분야에 전체 예산의 25% 가량을 지속적으로 투자하고 있다. 저유가 시대로 인하여 교육 예산 위축이 불가피하겠지만, 교육을 미래에 대한 투자로 중요하다고 인식하고 있기에 기본 골격은 유지할 것으로 보인다. 방만한 운영을 정리하고 집중하는 방향으로 갈 것이다. 사우디아라비아 정부는 이미 우수한 대학에 유학하는 학생만 '압둘라 국왕 해외유학장학프로그램'에서 지원하겠다고 발표한 바 있다.

또 관광사업 육성에도 적극적으로 나설 기세다. 2015년 9월 중순 메카 성지 순례 시에 너무 많은 인파가 한꺼번에 몰려 압사사건이 발생하였는데, 사우디아라비아 정부는 앞으로 성지 순례자 외에도 성지 아닌 관광지에 더 많은 일반관광객을 유치하고자 한다. 현재 관광인프라가 상당히 열악한 수준인데, 향후 관광업에 직·간접으로 종사할 전문 인력이 2020년경 180만 여명에 달할 것으로 보고 관광인프라 구축을 위하여 관광대학 및 학원을 설치하고 있다.

11. 우리나라와 사우디아라비아의 관계

사우디아라비아와 우리나라는 1962년 10월 16일 외교관계를 수립하였다. 그러나 1973년 7월 9일에야 우리 대사관을 젯다에 개설하였고, 사우디아라비아는 1974년 4월 21일에 서울에 대사관을 열었다. 1984년 9월 27일, 우리나라는 대사관을 젯다에서 수도 리야드로 이전하였다. 우리나라와 사우디아라비아의 관계는 2015년 박근혜 대통령과 살만 국왕의 정상회담으로 더욱 돈독히 다져졌고, 새로운 동반자 관계로 발전하는 디딤돌을 놓았다.

사우디아라비아는 우리나라가 '한강의 기적'을 이루는 데 크게 도움을 준 나라다. 1973년 제1차 석유 파동 때 건설시장을 열어주어 우리는 경제 난국을 극복할 수 있었다. 당시 우리나라는 유가 급상승으로 인해 석유대금 수입액이 3억 달러에서 11억 달러로 거의 4배나 올라 심각한 어려움에 처해있었다. 가용 외환 보유고는 3천만 달러에 불과하였는데, 1973년 12월 삼환건설이 알울라와 카이바르를 잇는 고속도로 건설공사를 수주하여 2400만 달러를 벌었고, 현대건설은 1976년 주바일 항만공사계약을 따냈다. 현대건설의 수주액은 당시 우리나라 일년 예산의 24%로 9억 4000만 달러였다. 사우디아라비아 건설시장이 열려 경제 위기를 극복했다고 해도 과언이 아니다.

사우디아라비아는 우리나라의 중동지역 최대의 교역대상국이고, 전 세계적으로 보면 중국, 미국, 일본 다음으로 4번째 교역국이다. 국내 원유 공급 1위국인 사우디아라비아에서 1965년부터 2014년까지 우리가 벌어들인 건설공사 대금은 무려 1300억 달러에 달한다. 두말할 것도 없이 사우디아라비아는 우리나라 최대의 건설시장이기도 하다. 우리와 함께 사우디아라비아는 친미 외교정책 기조를 유지하고 국제무대에서 우리나라를 적극적으로 지지해 온 우방국이다. 2014년 3월 현재 4,631명의 우리 교민이 사우디아라비아에 거주하고 있다. 현재 KOTRA,

수출입은행 등 우리 정부투자기관과 약 160여개의 기업체가 진출해 있다.

〈대 사우디아라비아 수출입 현황(단위: 미 달러)〉

년도별	수출	수입	비고
2012	91억 2200만	397억 700만	수출: 자동차, 철강, 기계류 수입: 원유, 석유화학제품, LPG
2013	88억 2400만	376억 6500만	
2014	82억 8700만	367억 2400만	

* 출처: 주 사우디아라비아 한국대사관

〈연도별 국내 석유수입선 비율 비교〉

	사우디아라비아	기타국가
1980년	59.80%	40.20%
2010년	31.73%	68.27%
2013년	33.32%	66.68%

* 출처: 한국석유공사 석유정보망

〈1965년-2014년 8월까지 해외건설 현황〉

	국가	건설프로젝트(개수)	공사대금(미 달러)
1	사우디아라비아	1,734	1,300억
2	아랍에미리트	265	664억
3	쿠웨이트	235	394억
4	리비아	302	368억
5	기타	7,606	3,822억
	계	10,142	6,548억

* 출처: 해외건설협회

<중동 건설공사 계약 현황〉

	2014년도	건수	금액(달러)
	16개국가	102	313억 5071만 7000
1	이라크	20	85억 9266만 7000
2	쿠웨이트	7	77억 3888만 8000
3	알제리	12	43억 8780만 2000
4	아랍에미리트	14	37억 3592만 9000
5	사우디아라비아	17	29억 5131만 2000
6	카타르	10	16억 6986만 8000
7	이집트	2	10억 985만 8000
8	터키	4	7억 444만 3000
9	오만	3	4억 3035만 5000
10	요르단	3	1억 2859만 2000
11	리비아	2	2686만 2000
12	이스라엘	1	1926만 8000
13	이란	3	949만 7000
14	남수단	1	329만 6000
15	팔레스타인	1	164만 3000
16	수단	2	43만 7000

* 출처: 해외건설협회

주석

이슬람과 석유의 나라 사우디아라비아왕국

1   CIA, *The World Factbook.*
    https://www.cia.gov/library/publications/the-world-factbook/geos/sa.html (검색: 2015.8.28.).

2   김종도, "사우디아라비아 슈라의회에 관한 연구 - 의회역사와 의회법 분석을 중심으로", 『중동연구』 32권 3호(2013), 19.

3   같은 논문, 10.

4   Central Department of Statistics & Information.
    http://www.cdsi.gov.sa/english/index.php?option=com_docman&task=cat_view&gid=271&Itemid=113 (검색: 2015.8.28.)

5   지도 출처: http://www.mapsopensource.com/saudi-arabia-map.html (검색: 2015.8.29.).

6   위와 같음.

7   Central Department of Statistics & Information, *Statistical Yearbook 2014.*
    http://www.cdsi.gov.sa/yb50/YearBook.htm (검색: 2015.8.28.).

8   John F. Helliwell, Richard Layard, and Jeffrey Sachs, eds., World Happiness Report 2015 (New York: Sustainable Development Solutions Network, 2015), p. 26.
    http://worldhappiness.report/wp-content/uploads/sites/2/2015/04/WHR15-Apr29-update.pdf (검색: 2015.8.29.).

9   The Economist Intelligence Unit, "Saudi Arabia," *Risk Briefing.*
    http://viewswire.eiu.com/index.asp?layout=RKCountryVW3&country_

id=470000047 (검색: 2016.3.19.).

10 The Worldwide Governance Indicators.
   http://info.worldbank.org/governance/wgi/index.aspx#home (검색: 2016.3.19.).

11 국제전략연구소는 사우디아라비아의 2014년 국방비지출액을 세계3위로 매기고 있다. 4위는 러시아다. The International Institute for Strategic Studies,
   "Military Balance 2015 Press Statement," *Press Releases*, 11 February 2015.
   https://www.iiss.org/en/about%20us/press%20room/press%20releases/
   press%20releases/archive/2015-4fe9/february-0592/military-balance-2015-press-
   statement-40a1 (검색: 2015.8.29.).

12 Sam Perlo-Freeman, Aude Fleurant, Pieter D. Wezeman and Siemon T.
   Wezeman, "Trends in World Military Expenditure, 2014," *SIPRI Fact Sheet*,
   April 2015(Stockholm International Peace Research Institute), p. 2.

13 The International Institute for Strategic Studies, "Saudi Arabia: Selected Military
   Capabilities," *Military Balance Blog*, 30 March 2015.
   https://www.iiss.org/en/militarybalanceblog/blogsections/2015-090c/march-
   02a5/saudi-military-capabilities-77c4 (검색: 2015.8.29.).

14 International Energy Agency, CO2 Emissions from Fuel Combustion Highlight
   2014.
   https://www.iea.org/publications/freepublications/publication/CO2EmissionsFr
   omFuelCombustionHighlights2014.pdf (검색: 2015.8.30.).

15 Qatar Sustainability Assessment System, Environmental Challenges and Impacts:
   The Need for Regionalized System. 주요 오염원 다섯 가지는 일산화탄소, 산화
   질소, 비 메탄계 휘발성 유기화합물, 이산화황, 이산화탄소다.
   http://www.unep.org/sbci/pdfs/Oct_symposium/SustainabilityAssessment%20
   System_AM.pdf (검색: 2015.8.30.).

16 Latest Statistical Releases. http://www.cdsi.gov.sa/english/ (검색: 2015.8.29.).

17 *Unemployment Plan 2014: Saudi Arabia.*

https://g20.org/wp-content/uploads/2014/12/g20_employment_plan_saudi_arabia.pdf (검색: 2015.8.30.).

18 The Heritage Foundation.
http://www.heritage.org/index/ranking (검색: 2016.3.19.).

19 U.S.-Saudi Arabian Business Council, "Saudi Arabia's 2015 Budget Maintains Strong Spending, Diversification Initiatives," 30 December 2014.
http://www.us-sabc.org/custom/news/details.cfm?id=1645 (검색: 2015.8.29.).

20 앞의 자료.

21 "Saudi Arabia's 2016 Fiscal Budget — Jadwa," *Saudi-US Relations Information Service*, 29 December 2015.
http://susris.com/2015/12/29/saudi-arabias-2016-fiscal-budget-jadwa/ (검색: 2016.3.19.).

22 *OPEC, Annual Statistical Bulletin 2014*.
http://www.opec.org/opec_web/static_files_project/media/downloads/publications/ASB2014.pdf (검색: 2015.8.29.).

23 The World Bank, *Doing Business 2014: Understanding Regulations for Small and Medium-Size Enterprises* (Washington, DC: The World Bank, 2013), p. 3.
http://www.worldbank.org (검색: 2015.8.30.).

24 The Economist Intelligence Unit, "Saudi Arabia: Fact Sheet," *Intelligence Unit*, 31 July 2015.
http://country.eiu.com/article.aspx?articleid=1623396346&Country=Saudi Arabia&topic=Summary&subtopic=Fact+sheet (검색: 2015.8.29.).

25 Central Department of Statistics & Information, Saudi Arabia, *Statistical Yearbook 2014*.
http://www.cdsi.gov.sa/yb50/YearBook.htm (검색: 2015.8.29.).

참고문헌

김종도, "사우디아라비아 슈라의회에 관한 연구 - 의회역사와 의회법 분석을 중심으
로", 『중동연구』 32권 3호(2013), 1-22쪽.

김종도, 정상률, 안정국, 박현도. "사우디아라비아 통치기본법의 이슬람적 언표(言
表)," 『한국이슬람학회논총』 21권 2호(2011), 99-118쪽.

사우디아라비아 행정구역 지도

　　http://www.mapsopensource.com/saudi-arabia-map.html (검색: 2015.8.29.)

외교부 편, 『2013 세계각국편람』.

정상률, 안정국, 박현도, 김종도. "사우디아라비아의 통치기본법에 나타난 종교적
정체성과 세속적 정체성," 『중동문제연구』 10권 2호(2011), 1-24쪽.

주 사우디아라비아 한국대사관.

　　http://sau.mofa.go.kr/korean/af/sau/main/index.jsp

한국무역협회 종합무역정보서비스.

　　http://www.kita.net/

한국석유공사 석유정보망.

　　http://m.petronet.co.kr/mw/index.jsp

해외건설협회 통계현황관리(해외건설협회 제공).

Arendonk, C. Van. "Suʿūd, Āl." In *Encyclopaedia of Islam*. Second Edition. Vol. 9,
pp. 903-905.

Central Department of Statistics & Information, Saudi Arabia. *Statistical Yearbook
2014*.

　　http://www.cdsi.gov.sa/yb50/YearBook.htm(검색: 2015.8.29.)

_____. Latest Statistical Releases.

　　http://www.cdsi.gov.sa/english/(검색: 2015.8.29.).

CIA. "Saudi Arabia." *The World Factbook*.

    https://www.cia.gov/library/publications/the-world-factbook/geos/sa.html (검색: 2015.8.29.).

The Cooperation Council for The Arab States of Gulf.

    http://www.gcc-sg.org/eng/ (검색: 2015.8.30.).

The Economist Intelligence Unit. "Saudi Arabia: Fact Sheet." *Intelligence Unit*, 31 July 2015.

    http://country.eiu.com/article.aspx?articleid=1623396346&Country=Saudi Arabia&topic=Summary&subtopic=Fact+sheet(검색: 2015.8.29.).

_____. "Saudi Arabia." *Risk Briefing*.

    http://viewswire.eiu.com/index.asp?layout=RKCountryVW3&country_id=470000047 (검색: 2016.3.19.).

Helliwell, John F., Richard Layard, and Jeffrey Sachs, eds. *World Happiness Report 2015*. New York: Sustainable Development Solutions Network, 2015. http://worldhappiness.report/wp-content/uploads/sites/2/2015/04/WHR15-Apr29-update.pdf (검색: 2015.8.29.).

The Heritage Foundation. "2016 Index of Economic Freedom."

    http://www.heritage.org/index/ranking (검색: 2016.3.19.).

International Energy Agency. *CO2 Emissions from Fuel Combustion Highlight 2014*.

    https://www.iea.org/publications/freepublications/publication/CO2EmissionsFromFuelCombustionHighlights2014.pdf (검색: 2015.8.30.).

The International Institute for Strategic Studies. "Military Balance 2015 Press Statement." *Press Releases*, 11 February 2015.

    https://www.iiss.org/en/about%20us/press%20room/press%20releases/press%20releases/archive/2015-4fe9/february-0592/military-balance-2015-press-statement-40a1 (검색: 2015.8.29.).

_____. "Saudi Arabia: Selected Military Capabilities." *Military Balance Blog*, 30 March 2015.
https://www.iiss.org/en/militarybalanceblog/blogsections/2015-090c/march-02a5/saudi-military-capabilities-77c4 (검색: 2015.8.29.).

Kostiner, J. "Al-Su'ūdiyya, al-Mamlaka al-'Arabiyya." In *Encyclopaedia of Islam*. Second Edition. Vol. 9, pp. 905-908.

Lawrence, Robert Z., Margareta Drseniek Honouz, and Sean Doherty, eds. *The Global Enabling Trade Report 2012*. Geneva: The World Economic Forum, 2012.
http://www3.weforum.org/docs/GETR/2012/GlobalEnablingTrade_Report.pdf.

Martin, Richard C. et al. eds. *Encyclopedia of Islam and the Muslim World*. New York: Macmillan Reference USA., 2004.

OPEC. *Annual Statistical Bulletin 2014*.
http://www.opec.org/opec_web/static_files_project/media/downloads/publications/ASB2014.pdf (검색: 2015.8.29.)

Perlo-Freeman, Sam, Aude Fleurant, Pieter D. Wezeman, and Siemon T. Wezeman. "Trends in World Military Expenditure, 2014." *SIPRI Fact Sheet*. April 2015. Stockholm International Peace Research Institute.
http://books.sipri.org/files/FS/SIPRIFS1504.pdf (검색: 2015.8.29.).

Potter, Lawrence G, ed. *The Persian Gulf in Modern Times: People, Ports, and History*. New York: Palgrave Macmillan, 2014.

Qatar Sustainability Assessment System. "Environmental Challenges and Impacts: The Need for Regionalized System."
http://www.unep.org/sbci/pdfs/Oct_symposium/SustainabilityAssessmentSystem_AM.pdf (검색: 2015.8.30.).

Saudi-US Relations Information Service. "Saudi Arabia's 2016 Fiscal Budget —

Jadwa." 29 December 2015.

  http://susris.com/2015/12/29/saudi-arabias-2016-fiscal-budget-jadwa/ (검색:
  2016.3.19.).

U.S.-Saudi Arabian Business Council. "Saudi Arabia's 2015 Budget Maintains
  Strong Spending, Diversification Initiatives." 30 December 2014.
  http://www.us-sabc.org/custom/news/details.cfm?id=1645 (검색: 2015.8.
  29.).

Unemployment Plan 2014: Saudi Arabia.
  https://g20.org/wp-content/uploads/2014/12/g20_employment_plan_saudi_
  arabia.pdf (검색: 2015.8.30.).

The World Bank. *Doing Business 2014: Understanding Regulations for Small and
  Medium-Size Enterprises.* Washington, DC: The World Bank, 2013.
  http://www.worldbank.org (검색: 2015.8.30.).

The Worldwide Governance Indicators.
  http://info.worldbank.org/governance/wgi/index.aspx#home (검색:
  2016.3.19.).

찾아보기